契约理论框架下的
中国 PPP 研究

李　琛　著

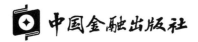
中国金融出版社

责任编辑：明淑娜
责任校对：李俊英
责任印制：丁淮宾

图书在版编目（CIP）数据

契约理论框架下的中国 PPP 研究/李琛著. —北京：中国金融出版社，2022.1
ISBN 978 - 7 - 5220 - 1488 - 3

Ⅰ.①契… Ⅱ.①李… Ⅲ.①政府投资—合作—社会资本—研究—中国 Ⅳ.①F832.48②F124.7

中国版本图书馆 CIP 数据核字（2022）第 016725 号

契约理论框架下的中国 PPP 研究
QIYUE LILUN KUANGJIA XIA DE ZHONGGUO PPP YANJIU

出版
发行　**中国金融出版社**

社址　北京市丰台区益泽路 2 号
市场开发部　（010）66024766，63805472，63439533（传真）
网 上 书 店　www.cfph.cn
　　　　　　（010）66024766，63372837（传真）
读者服务部　（010）66070833，62568380
邮编　100071
经销　新华书店
印刷　河北松源印刷有限公司
尺寸　169 毫米 ×239 毫米
印张　9
字数　125 千
版次　2022 年 2 月第 1 版
印次　2022 年 2 月第 1 次印刷
定价　35.00 元
ISBN 978 - 7 - 5220 - 1488 - 3
如出现印装错误本社负责调换　联系电话（010）63263947

重新理解产权的价值

——代序

中国经济增长的动力与政府的激励和企业的活力有较大关系。因此，政企关系成为我们理解中国经济增长和转型的重要视角，并且在很大程度上塑造了中国经济增长的政治经济学特征。当前，中央高度重视政商关系和营商环境。从经济学角度讲，这是因为政商关系或政企关系构成了制度的重要组成部分，而制度是长期经济增长的关键因素（Acemoglu et. al.，2005）。

从生产要素的角度讲，资本是经济增长的关键要素，而中国又是一个资本稀缺的发展中国家。因此，政府如何解决资本投入不足的问题成为政企关系乃至中国经济增长和转型的关键节点。在1994年分税制实施之前，地方政府缺乏足够的财政激励，因此解决资本短缺主要依靠招商引资，尤其是引入外资。那时，地方政府和外资企业的关系在很大程度上影响了地区经济增长。东南沿海能够率先发展得益于这种政企关系。分税制改革后，地方政府有了更加充足的财政激励来发展经济，更重要的是它们可以将辖区内的土地作为一种独特的"资本"。于是，"以地谋发展"的模式开启了，房地产行业迅速繁荣起来。这一时期，地方政府和房地产企业的关系成为观察地方经济增长的窗口。但是，土地财政导致一些地方"寅吃卯粮"，并通过各种投融资平台进行举债。一些地方负债累累，带来了潜在的金融风险。为此，2009年之后，中央政府严厉整顿各类地方投融资平台，要求逐步将各种隐性债务转化为显性债务，并纳入财政监管体系。与此同时，中央鼓励地方政府在各类公共项目中引入社会资本，这产生了所谓的"政府与社会资本合作"（PPP）模式。

PPP模式是一种新型政企关系，它体现了地方政府和企业（央企、国企或民企）之间的一种契约关系。PPP模式有几个显著的优点。第一，地方政府的债务更加透明。因为所有 PPP 项目都纳入了国家发改委和财政部的监管范围，政府债务完全可控。第二，地方政府减轻了债务风险。通过 PPP 模式，地方政府只出资一部分，却可以撬动大量社会资本，在一定程度上解决了资本稀缺之苦。第三，为社会资本带来了新的商机。借助 PPP 模式，很多社会资本可以进入之前管制较严的水电、公共交通、城市绿化等公用事业。第四，政府可以通过股权比例和合同条款，在项目的公益性和盈利性之间取得平衡。

但是，PPP 模式也有诸多问题，最主要的问题源于它是一种政企之间的不完全契约。所谓不完全契约，就是当事人在缔约时无法预见到未来所有可能的情况，并以双方都认同的语言写入契约以及得到第三方证实（Hart，1995）。根据我和本书作者李琛的统计，中国目前的 PPP 项目库中，平均合作期限是 19 年，最短是 2 年，而最长的长达 52 年。很多水电、交通项目的收费和收益不仅受市场影响，而且受到很多不可控因素（如政策的不确定性）的影响，因此在执行过程中会发生种种问题。根据经典的不完全契约理论，一旦当事人进行了专用性投资，就很容易遭遇"敲竹杠"问题。事实上，我们的确发现，政府未能遵守承诺以及不确定性因素成为 PPP 项目失败的主要原因。

以上只是理论分析，究竟事实如何呢？如果 PPP 项目确实存在承诺问题，现实中地方政府和企业又是如何通过某种机制设计或者制度安排来解决这些问题呢？为了回答这些重要问题，李琛收集了 2009—2018 年全国 8649 个 PPP 项目的详细信息，并运用契约理论和微观计量经济学深入分析，完成了关于 PPP 的博士论文，最终形成《契约理论框架下的中国 PPP 研究》一书。

李琛发现，中国 PPP 项目中的社会资本来源主要是国有企业，民营企业参与率不足一半，外资企业寥寥无几。这是一个很有意思的现象。本来引入 PPP 的目的就是撬动广大的社会资本，特别是民营资本。为什么民营资本在 PPP 领域裹足不前？李琛发现，这是因为民营企业的融资成本更高，再加上 PPP 项目的政策风险，导致项目收益难以覆盖其机会成本。

进一步的问题是，给定 PPP 项目的风险，如何缓解社会资本的参与约束呢？李琛发现，在政府和社会资本（企业）的产权分配中，与政府和国有企业合作的项目相比，政府与民营企业合作的项目中政府出资的比例更高。李琛由此推断，政府的产权比例其实是一种承诺机制，是一种对政策风险的"背书"行为。我认为，这是非常有意义的洞见。经典的产权理论通常认为，产权的作用是确保剩余索取权和剩余控制权，但是李琛的研究表明，产权还具有抵押、担保、承诺的价值。从这个角度讲，民营企业在与地方政府合作时，未必想要得到项目的控股权，它们首先要控制项目的风险，此时政府的股权比例较高对它们来说反而是好事。从中国事实出发，得到了与经典理论相反的结论，这就是学术创新的价值所在。

李琛在中国人民大学经济学院完成了本科、硕士和博士的教育。她数理功底非常扎实，读博期间还在法国巴黎经济学院参加了为期一年的博士联合培养项目，合作导师是拉丰教授的高徒戴维·马赫蒂摩（David Martimort）。她在博士学习期间参加了我们团队的 PPP 项目，我们一起合作撰写了关于 PPP 的内参，得到了党和国家领导人的重要批示，还发表了关于 PPP 的研究报告。在本书中，李琛博士全面介绍了 PPP 的起源、各国经验和中国现状，并利用契约理论模型和微观计量经济学对 PPP 的合作伙伴选择、股权安排进行了深入分析，因此是一本关于 PPP 的重要参考书。

本书适合政府官员，他们可以从中了解基于"大数据"的 PPP 特征事实；本书适合企业管理者，他们可以从中吸取参与 PPP 的经验和教训；本书也适合 PPP 的研究者，他们可以从中找到文献来源并得到研究启迪。

是为序。

聂辉华

中国人民大学经济学院特聘教授

2022 年 1 月 20 日

目　　录

图表索引

第1章 导 论

1.1 研究背景与研究意义

1.1.1 现实背景

Public – Private Partnership（PPP），通常翻译为"公私合作伙伴"。按西方的理解，PPP 主要是政府和私人资本之间的合作模式。在中国，政府部门将 PPP 统一译为"政府和社会资本合作"，而社会资本不仅包括私人资本，还包括以国有企业为主体的国有资本。因此，中外 PPP 模式有显著差异。

PPP 最早起源于欧洲收费公路。早在 15 世纪，商人联合设立类似信托的公司来修建公路和维护公路设施，资金源于私人借款，并且在道路上设立关卡进行收费来偿还借款，而现代意义上的 PPP 最早出现在英国。1981 年，英国制定法律允许社会资本在公共领域投资，法律规定在政府预算不包含的公共领域，如果社会资本在该公共领域投资的成本低于政府进行投资的成本，那么社会资本可以投资公共领域。1992 年 11 月英国提出在公共服务领域推行政府购买服务的私人融资计划（PFI）模式（PPP 模式的一种形式），对那些难以向使用者收费的各类社会基础设施（学校、医院、城市公共设施）广泛采用 PFI 模式。由此，PPP 从 20 世纪 90 年代开始成为一种公共投资领域的主流融资模式，几乎覆盖了全部公共基础设施领域，在世界范围内尤其是欧美各国得到广泛的应用。

中国为了吸引国外资本，在 20 世纪 80 年代开始探索 PPP 模式。1985 年的深圳沙角 B 电厂基础设施建设—运营—移交（BOT）项目被认为是我国第一个具有现代意义的 PPP 项目，项目由深圳经济特区电力开发公司与香港合和电力有限公司合作。从深圳沙角 B 电厂项目开始，中国开始在电力和交通等基础设施领域尝试应用 PPP 模式,自此以后,PPP 模式在我国逐步发展起来。初始阶段都以 BOT 模式为主,社会资本主要是外国资本,一开始主要是地方政府自主进行探索性尝试。后经过二十多年的发展,2014 年 PPP 模式在全国范围内正式推广。

2013 年 11 月,中共十八届三中全会提出"允许社会资本通过特许经营等方式参与城市基础设施投资和运营"。2014 年 9 月,国务院发布《关于加强地方政府性债务管理的意见》(国发〔2014〕43 号,以下简称 43 号文),43 号文提出,赋予地方政府依法适度举债融资权限,剥离融资平台公司政府融资职能,明确指出地方政府不得通过融资平台举债,宣布推广使用政府与社会资本合作模式。紧随其后,财政部发布《关于推广运用政府和社会资本合作模式有关问题的通知》(财金〔2014〕76 号),首次正式宣布在全国范围开展政府和社会资本合作模式项目示范。在全国地方政府债务高企、土地财政模式难以为继的背景下,PPP 模式开始在全国范围内大力推广。

1.1.2 问题的提出

PPP 模式引入社会资本参与公共基础设施领域,一方面是为了缓解地方政府投资支出压力,降低地方政府债务压力,另一方面是为了通过引入高效率的社会资本方来提高社会基础设施的建设和投资运营效率,提高公共产品和服务的质量。PPP 项目多是通过强竞争性的公开招标方式采购,筛选更合适、更有效率的企业,以保证后期项目的运营效率。

在中国,PPP 模式有不同的运作模式和表现形式,关于如何界定 PPP各部委也存在不同的看法,为了对其进行更标准和更严格的理论研究和实证研究,本书根据《国务院办公厅转发财政部发展改革委人民银行关于在公共服务领域推广政府和社会资本合作模式指导意见的通知》(国办发〔2015〕42 号,以下简称 42 号文),将 PPP 定义为政府采取竞争性方式择优选择具有投资、运营管理能力的社会资本,双方按照平等协商原则订立合同,明确责权利关系,由社会资本提供公共服务,政府依照公共服务绩效评估结果向社会资本支付相应对价,保证社会资本获得合理收益。社会资本方不仅包括国有控制企业、民营企业、混合所有制企业等各类不同所有制企业，而且包括进行市场化运营的地方融资平台公司，但要求其承担的地方政府债务得到妥善处理并纳入地方政府财政预算体系，融资平台不再依靠政府背书、不承担地方政府举债融资职能。

公私双方合作、提供公共服务或公共产品、共享利益和共担风险这四个特点是 PPP 必备的内涵，社会资本方不仅包括民营企业和外资企业，还包括国有企业，也包括地方融资平台，国有企业可以作为社会资本方参与 PPP 项目是我国与其他国家实行 PPP 模式最大的不同。中国推广 PPP 模式的初衷是吸引社会资本尤其是民营企业参与基础设施建设和提供公共服务，以缓解当前地方政府的债务压力并且提高基础设施建设和公共服务领域的效率，PPP 已成为中国地方政府在基础设施建设领域融资的主要工具之一。但现实却是民营企业对 PPP 项目的参与率较低。根据财政部 PPP 综合信息平台统计数据，截至 2018 年底，不论是从涉及的企业数量来看，还是从参与的项目数量来看，又或是从涉及的项目金额来看，虽然有不少民营企业参与到 PPP 项目中，但是中国 PPP 项目的参与主体仍是国有企业，民营企业参与率不足一半，外资企业占少数。本书将考察 PPP 项目中地方政府在选择社会资本时是否存在所有制偏好，并且解释民营企业参与率较低的原因。

PPP 项目的盈利性低直接影响社会资本参与 PPP 项目的积极性，合理的收益是保证社会资本参与 PPP 项目和 PPP 项目成功的重要因素。保证社会资本参与 PPP 项目，激励社会资本方采取更优的行动，政府一方面可以采用收益激励的方式，另一方面可以通过产权激励的方式。产权是安排事前投资激励，和缓解机会主义风险的重要工具，通过合理的产权结构安排可以协调合作双方的激励及风险。此外，为了合理分配政府与社会资本的风险，以及政府更好地监督和管理 PPP 项目，政府拥有产权有其重要性，故本书还将研究产权激励，考察产权的作用和最优产权分配。

基于上述内容，本书在中国特定的制度和经济环境下，以契约理论和计量经济学作为主要的研究工具，从理论和实证的角度出发，主要解决以下几个问题。

第一，地方政府在选择与社会资本合作提供公共产品和服务时，会选择什么样的企业作为 PPP 项目的合作伙伴，什么时候选择国有企业作为社会资本方，什么时候选择非国有企业作为社会资本方？民营企业在参与 PPP 项目时主要面临着什么困难，以致民营企业参与率较低？

第二，关于产权，中国 PPP 模式中政府如何分配政府与社会资本的产权，以激励企业进行努力或投资，以及社会资本内部如何分配产权？企业的所有制类型对政府分配给社会资本产权有何影响？

第三，PPP 项目的落地速度和落地率在一定程度上反映了项目交易效率，社会资本的所有制对 PPP 项目落地速度有什么影响？地区制度环境和经济环境对一个地区 PPP 项目落地率有何影响？

通过用契约理论和计量分析的方法，本书将从理论角度和实证角度深入研究以上几个问题。

1.1.3　研究意义

契约理论是研究经济学研究经济问题和制度问题的一个重要理论工具，契约理论通过构建委托人和代理人行动的模型，能够解释组织之间和组织内的各种现象，契约理论强大的解释力使其在民营部门和公共领域都得到了广泛的应用，甚至扩展应用到了其他社会学科之中。从组织结构角度来看，PPP 模式可以看作政府方与社会资本方双方之间在公共领域共同构建的一种组织结构，因此，本书通过标准的契约理论分析和计量经济学的研究范式，从经济学的理论角度和实证角度对 PPP 模式的组织结构进行了深入分析，有助于全面和深入地理解 PPP 模式的经济含义和激励机制。

中国不管是从实证研究方面，还是从经济理论方面，关于 PPP 模式的经济学研究都还处于探索阶段。而且中国的 PPP 模式拥有鲜明的中国特色，社会资本方包括国有企业，与国际上的 PPP 模式有显著差异。对于我国而言，PPP 模式的顺利推行具有以下四个方面的重要意义：有利于吸收民间投资，创新投融资体制，缓解地方政府债务压力；有利于提高基础设施投资效率,实现资源优化配置;有利于加快政府职能转变,让市场在资源配置中起决定性作用;有利于推进混合所有制改革,完善社会主义市场经济体制。虽然很多研究对 PPP 模式进行了分析探讨,但主要是从公共管理学视角出发,对 PPP 模式的含义和具体案例进行分析,而且缺乏对中国特色的 PPP 模式的分析。因此,本书通过构建契约理论下的政府和社会资本行动的模型,立足于中国特定的制度和经济环境,从经济学的角度对 PPP 进行深入分析,本书的研究结论有助于解释中国制度环境下政府和社会资本的选择行为,也为后续改进 PPP 的问题和不足提供了重要的参考。

1.2 主要内容与研究方法

本书使用的研究工具是契约理论和计量经济学。本书在已有的研究成果和实践的基础上,采用以理论研究和计量分析为主,定性分析与定量分析相结合的方法,使用契约理论研究 PPP 模式中的社会资本选择问题和最优产权安排;使用财政部 PPP 项目数据库,对中国的 PPP 项目进行基本的描述性统计分析,且用计量经济学的 Mlogit 模型、Logit 模型和 OLS 模型对上述理论进行实证检验,并从项目落地速度和落地率两个角度分析影响 PPP 项目交易效率的因素,深入分析 PPP 模式在实际应用中面临的核心问题。

1.3 结构框架

第 1 章首先介绍了 PPP 模式的研究背景、研究意义、本书的研究内容和研究方法,以及基本框架结构和创新点,为后续章节的建模和实证分析提供了现实基础。

第 2 章梳理了 PPP 的基本概念与研究综述。首先介绍了 PPP 的定义和主要运行模式,指出了其主要优势和可能存在的问题。然后分别从经济学视角、公共管理视角、金融学视角三个角度来概括国内外关于 PPP 模式的研究综述,作为本书主要研究视角的经济学视角又包括了不完全契约理论、完全契约理论以及实证研究这三个方面的综述。

第 3 章首先回顾了英国、法国、加拿大这三个国家 PPP 模式发展的国际经验，梳理了其成功的管理模式，然后回顾了中国 PPP 模式的推进历史，最后介绍国有企业和民营企业参与 PPP 项目的两个经典案例——"北京地铁 4 号线项目"和"固安工业园区新型城镇化项目"。

第 4 章至第 6 章是最重要的主体部分。通过契约理论模型和计量分析来研究在中国背景下 PPP 项目中政府如何选择社会资本方，以及政府和社会资本之间的产权分配。具体来说，第 4 章通过构建契约理论模型研究 PPP 模式中政府如何选择社会资本方，解释民营企业参与率较低的原因。

第 5 章从实证角度证明政府在选择社会资本方时存在所有制偏好，并分析影响项目落地速度的因素，尤其是不同的企业类型对项目落地速度的影响。

第 6 章从理论角度和实证角度证明政府拥有部分产权的合理性，并研究影响政府和社会资本方分配产权以及社会资本间分配产权的因素，最后通过数据描述分析 PPP 项目存在的问题并提出政策建议。

第 7 章总结本书的主要结论并展望未来研究。

1.4　创新点

本书的创新之处有四点。

第一，关于 PPP 的理论研究和实证研究多数建立在发达国家成熟的制度体系的基础之上，而本书则强调中国不成熟的制度环境，从理论和实证角度对以往的研究进行了扩展和深化。中国的 PPP 模式具有中国特色，社会资本不仅包括私人资本，还包括以国有企业为主体的国有资本。本书考虑了地方政府对待国有企业和非国有企业的区别，从企业所有制的角度，列示了政府选择社会资本控股项目时存在的所有制排序偏好。

第二，以往研究在分析政府与社会资本合作时，没有考虑到不同企业存在的不同约束条件。本书在分析 PPP 项目时，突出显示了不同所有制的社会资本会面临不同融资约束条件和外部选择性，分析在不同条件下政府如何选择 PPP 的项目合作方以及如何缔约的问题，解释了民营企业参与率较低的原因，并提出了双方的最优产权分配。

第三，通常产权理论认为，给予企业产权可以作为激励企业投资的有效手段，并且认为公有产权通常会因为代理成本而导致低效率。本书揭示了产权的另一种作用，即政府拥有产权相当于给予企业控制风险的有效承诺，这有利于监督企业以避免其进行机会主义行为。从这个意义上讲，本书拓展了产权的功能并且揭示了公有产权的正面价值。

第四，本书主要使用的是财政部 PPP 综合信息服务平台的项目数据，该数据库于 2017 年 4 月正式公开，是关于中国 PPP 项目最全的数据库。本书整理了 8649 个 PPP 项目的详细数据，用项目的微观数据进行 PPP 模式的实证研究，丰富了关于中国 PPP 模式的实证研究。

第 2 章 PPP 的基本概念与研究综述

2.1 PPP 的基本概念

2.1.1 PPP 的定义

国际上，联合国认为 PPP 是政府、非营利性和营利性企业组织形成的相互合作关系，通过双方合作来服务于某个项目，并且通过双方合作，可以得到比单方行动更有利的结果。合作双方参与 PPP 项目时，政府部门和私营部门共同承担责任和融资风险。

世界银行将 PPP 定义为政府部门与社会资本之间关于提供公共产品和服务而签订的长期合作契约，在合作过程中，社会资本方承担着管理职能和面临一定程度的风险，其项目收益与其业绩挂钩。

在中国，作为 PPP 主要监管部门的财政部和国家发展和改革委员会（以下简称发改委）对 PPP 的定义以及界定的社会资本范围也有所不同，尤其是对于国有企业特别是地方融资平台是否可以作为社会资本方，两部委观点不一。财政部《关于推广运用政府和社会资本合作模式有关问题的通知》（财金〔2014〕76 号）将 PPP 定义为在基础设施以及公共服务领域建立的一种长期合作关系。社会资本承担设计、建设、运营、维护基础设施的大部分工作，并且通过"使用者付费"以及"政府付费"获得合理的投资回报；政府部门负责基础设施及公共服务价格和质量监管，以保证公共利益最大化。

发改委也是 PPP 的主管部门，与财政部不同，发改委在《国家发展改革委关于开展政府和社会资本合作的指导意见》（发改投资〔2014〕2724 号）中将 PPP 定义为政府为增强公共产品和服务供给能力、提高供给效率，通过特许经营、购买服务、股权合作等方式，与社会资本建立的利益共享、风险分担及长期合作关系。

财政部关注 PPP 的长期合作特点，通过划分公私双方之间的义务责任和权利收益来定义 PPP；而发改委重点关注 PPP 可以提高供给效率的作用，通过公私双方的合作模式来定义 PPP。财政部界定的社会资本主体包括已建立现代企业制度的境内外企业法人，但不包括本级政府所属融资平台公司及其他控股国有企业；与财政部不同，发改委所界定的社会资本的范围更广，社会资本主体包括符合条件的国有企业、民营企业、外资企业、混合所有制企业等各种投资和经营主体。

国办发 42 号文，统一了财政部和发改委的观点，将 PPP 定义为政府采取竞争性方式择优选择具有投资、运营管理能力的社会资本，双方按照平等协商原则订立合同，明确责、权、利关系，由社会资本提供公共服务，政府依照公共服务绩效评估结果向社会资本支付相应对价，保证社会资本获得合理收益。社会资本主体不仅包括国有控制企业、民营企业、混合所有制企业等各类不同所有制企业，而且包括进行市场化运营的地方融资平台公司，但要求其承担的地方政府债务得到妥善处理并纳入地方政府财政预算体系，融资平台不再依靠政府背书、不承担地方政府举债融资职能。

综上所述，虽然各个国家对 PPP 的定义有不同的观点，但公私双方合作、提供公共服务或公共产品、共享利益和共担风险这四个特点是 PPP 必备的内涵。在中国，社会资本主体不仅包括民营企业和外资企业，还包括国有企业，国有企业可以作为社会资本方参与 PPP 项目是我国与其他国家实行 PPP 模式最大的不同。

2.1.2　PPP 的主要模式

不同国家对 PPP 的运作模式的认定标准有所不同，各个学者和各个国家的官方文件区分了 PPP 与私有化、政府采购的差异。本节分别介绍了狭义和广义的 PPP 模式。

（1）狭义的 PPP 模式。

狭义的 PPP 模式的基本运行范式是设计—建造—融资—运营

（Design – Build – Finance – Operate，DBFO），社会资本在 DBFO 模式的各个阶段和各个方面都发挥着举足轻重的作用。政府统一规定公共产品和公共服务的基本标准，社会资本依据政府制度的标准来设计、建造相应的基础设施，来提供公共产品和服务，并负责事前项目融资和事后项目运营。与此同时，政府和消费者作为公共产品和服务的主要购买者，向社会资本方支付一定的费用。当项目运营期结束后，将有关基础设施全部移交给政府部门。

如图 2 – 1 列出了一个典型的狭义 PPP 模式。首先，PPP 项目由政府相关部门或政府相关事业单位根据需求发起，项目主管部门向社会资本招标。在中国，项目招标前要对项目进行两个评估，物有所值评估和财政承受能力评估，以确定项目适合采用 PPP 模式；招标方式包括单一来源采购、竞争性磋商、竞争性谈判、公开招标、邀请招标，公开招标是最常用的方式，大多数项目采用公开招标的模式。在招标过程中，竞标者一般是由几个公司组成的联合体，例如由建筑公司、物业管理公司、基金管理公司等构成，联合体共同负责招标之后的项目融资、建设和运

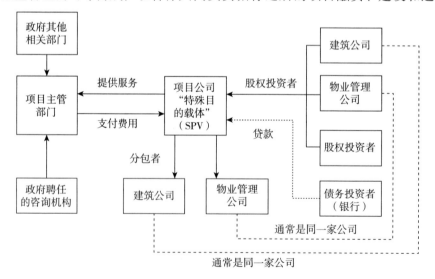

图 2 – 1　典型的 PPP 模式

（资料来源：《全球视角下的 PPP：内涵、模式、历史与问题》）

营。社会资本中标后，政府与中标者签订长期项目合同，合作期限通常在 20 年左右，同时设立一个特殊目的载体（Special Purpose Vehicle, SPV）作为项目公司。PPP 项目所需投资额巨大，SPV 通常会向银行等金融市场融资。项目融资成功后即可进入正式的建设期和运营期，项目公司将项目的不同任务分包给联合体中的专业公司，例如建筑公司进行基础设施的建设，物业管理公司负责项目的运营和维护。在项目进入运营阶段并且达到政府制定的标准后，每年政府的项目主管部门会支付一定的费用，项目公司还可以采取向使用者收费的方式来赚取合理收益，综合来说 PPP 项目有三种回报机制，即使用者付费、可行性缺口补助、政府付费。此外，政府还负责对项目公司的运营情况进行监督。

（2）广义的 PPP 模式。

广义上，政府部门与社会资本在公共领域为提供公共服务和产品而建立的合作关系都可以看成是 PPP 模式。世界银行根据社会资本参与程度由低到高，从完全由公共部门提供公共服务和产品到完全由社会资本提供，将 PPP 模式分为三大类，即外包、特许经营和私有化，社会资本的参与程度和承担的风险依次变大。在中国，PPP 项目主要采用购买服务、特许经营、股权合作这三种方式运营，即分别对应世界银行划分的外包、特许经营和私有化。

外包即政府承担项目所有的投融资，政府支付所有费用，社会资本承担项目的部分工作，如设计项目、设施建设、维护设施等。具体的运行模式包含委托运营（O&M）、管理合同（MC）等模式。外包模式引入了社会资本方的管理技术和管理经验，提升了项目运营效率。社会资本通过政府付费来获得收益，并且承担较低的项目风险。

特许经营是国际上最常采用的 PPP 模式，也是狭义的 PPP 模式。政府和社会资本通过项目合同明确双方的权利和义务，共同承担风险，约定在特许期时间内投资、建设和运营基础设施并获得相应收益，或者政府给予一定的费用补偿，社会资本方向社会提供公共产品和公共服务。采用特许经营的合作模式，可以充分发挥政府和社会资本双方的优势，引入非政府资金并且提高产品和服务质量和效率。特许经营模式包括建设—运营—移交（BOT）、改建—运营—移交（ROT）、转让—运营—移交（TOT）等。用于新建项目的 BOT 模式是中国 PPP 项目采用最多的运行模式，也是本书构建理论模型基于的 PPP 模式。

私有化从广义上来说仍属于 PPP 模式的一种。在私有化类项目中，社会资本的投资占主要部分，社会资本永久拥有项目的所有权，在这类项目中，社会资本承担的风险最大，政府仍有权力监督其提供符合标准的公共服务。私有化类 PPP 项目的运行模式以建设—拥有—运营（BOO）模式为代表。在中国，私有化类项目还涉及混合所有制改革，在公共服务领域的混合所有制可以看作 PPP 的应用。

2.1.3　PPP 的主要优势和可能产生的问题

（1）主要优势。

PPP 模式带动了地区经济增长和促进了市场化改革。社会资本参与到公共产品领域，为公共产品领域提供了活力，大量基础设施落地，直接提高了投资水平，又在长期改善了基础设施状况，带动了地区的经济增长和提高了生产率水平。PPP 模式需要政府和社会资本共同配合，双方发挥各自的优势，政府更多地集中于监督和管理社会资本的职能，社会资本发挥在市场中更有效率的建设和运营职能，从而明确了政府和市场的边界，有助于发挥市场的作用。

PPP 模式的引入目的之一在于降低政府的财政压力。基础设施初期所需要的投资通常很大，而且多为长期项目，采用 PPP 模式引入社会资本，政府不必一次拿出巨额资金，通过公共服务成本与收益的代际匹配，可以在一段较长的时间内分摊巨额的建设成本。社会资本的参与，缓解了政府的财政压力，在有限的财政收入下可以同时进行更多的基础设施建设，加快了城市化进程。在中国，要求 PPP 项目纳入政府预算体系，有利于政府预算公开化、透明化，政府也不再为 PPP 项目担保。政府在 PPP 项目上的支出不能超过当年一般财政收入的 10%，提高了政府债务的可控性，降低了形成未来政府隐性债务的可能性。

PPP 模式为社会资本参与公共基础设施建设和提供公共服务提供了一

个有利渠道，PPP 模式引入高效率的社会资本，有助于提高服务质量。相比传统的政府采购，在 PPP 模式下，社会资本更可能深入地参与项目的设计、建造、融资、运营、维护等各个运行阶段，可以发挥其在技术经验、运营效率和富于创造性上的效率优势，而政府则主要执行质量监督和安全监督，政府部门和社会资本各自发挥其优势，双方合作改善公共服务质量。此外，在中国，国有企业是社会资本的重要来源，增加了政府可选择范围。中国的 PPP 模式虽然在一定程度上限制了民营企业的积极性，但是民营企业也有了合理的方式参与基础设施建设和提供公共服务，而且也有助于发挥国有企业的优势，提升国有企业的竞争力。此外，中国 PPP 项目的推广也促进了融资平台企业化经营，融资平台不再是为地方政府融资的工具。

政府通过 PPP 模式与社会资本共同分担风险，社会资本同时承担建设和运营的风险，而且建设质量和运营收益息息相关，相比传统的政府采购，社会资本更有动力按时按质完成项目，甚至通过创新来控制风险和节约成本。事实也证明了这一点，英国对其 PFI 项目进行调查发现，按照给定预算准时完成的 PFI 项目比例远高于采用传统政府采购模式的项目比例。

（2）可能产生的问题。

PPP 项目的投融资多由社会资本负责，但是社会资本的融资成本却显著高于政府举债成本，增加了 PPP 项目的融资成本。社会资本的融资成本更高是学者们反对 PPP 模式的一个重要原因。也有研究发现，虽然社会资本融资成本高，但在有些项目中，社会资本仍然可以实现有效的高盈利水平。Jean Shaoul 通过比较分析英国 12 家医院的 PFI 项目，发现社会资本在这些 PFI 项目中实现了 58% 的平均股权收益率，远远高于英国国债收益率（The Economist，2007）。虽然社会资本融资成本高，其要求的投资回报率也更高，提高了 PPP 项目的效率。

PPP 项目大多数是长期项目，前期准备和招投标耗时长，前期相应的交易成本也更高。此外，PPP 项目周期长的特点也导致项目合同更复杂，且灵活性不足，项目准备期的难度和项目合同签订的难度都比传统政府采购高，这两项产生的交易费用不容忽略。

政府和社会资本双方的机会主义行为增加了项目失败的可能性。某些政府为吸引社会资本参加，降低招标标准，在招标结束后又提高要求，一旦后期项目状况变差，政府就可能拒绝或延期支付社会资本相应的收益。同样，社会资本为了获得项目，也可能在招标时以低价中标，开工后再要求重新谈判修改合同，甚至要求政府提供更多的倾斜政策。由于 PPP 涉及的是公共服务和基础设施，以服务大众为主要目的，政府官员对 PPP 项目要承担责任，如果发生这种再谈判的情况，政府常常让步。双方的机会主义倾向不利于 PPP 的长期健康发展。

最后，PPP 引入社会资本参与公共领域，可能引发私有化质疑。广义的 PPP 包括公共领域的私有化，也包括混合所有制改革。虽然众多理论研究区分了 PPP 和私有化的差异，但在公共领域，尤其在社会主义国家，私有化的推行本身就存在各种疑问和困难，故私有化给 PPP 的实施制造了障碍。

2.2　经济学视角的 PPP 研究

本书将分别从经济学、公共管理和金融学这三个视角梳理国内外关于 PPP 研究的文献。首先综述经济学视角的 PPP 研究。经济学学者对 PPP 模式的研究分为理论研究和实证研究。理论研究主要分为两个分支，一个是不完全契约理论的框架，另一个是完全契约理论的框架。实证研究则探讨 PPP 模式的原因和效果。

2.2.1　不完全契约理论框架

经济学理论界关于 PPP 的研究主要集中在不完全契约理论上，研究产权分配在 PPP 模式中的重要作用，最优的投资激励与是否将建设和运营进行整合式授权（Hart，2003；Bennett 和 Iossa，2006；Martimort 和 Pouyet，2008）以及基础设施所有权的分配（Martimort 和 Pouyet，2008；张喆、贾明和万迪昉，2007；孙慧和叶秀贤，2013）有关。

从整合授权的角度来看。关于国有企业和私有企业的边界讨论是经济学界的一个焦点话题，Hart（2003）讨论了私有化理论和企业的不完全契约理论的关系，构建了一个 PPP 模式的基础模型，在不完全契约理论的框架下，论文首次构建了分析 PPP 的经济学理论框架。论文以 HSV 模式为基础，考虑委托人面临着长期契约（捆绑建设和运营期，PPP）与短期契约（传统政府采购，BT）的权衡，并且研究 PPP 主要关注产权问题，而非地方债等资金问题，这是论文最大的两点创新。研究发现，如果服务质量可以明确写入契约中，而建设质量不可缔约，则政府选择 PPP，反之，政府选择 BT。Bennett 和 Iossa（2006）考虑外部性，以及产权安排和资产剩余价值对最优公共服务供给形式的影响。研究发现，在正外部性的前提下，捆绑整合授权仍是最优（Iossa 和 Martimort，2015）。当创新对社会价值的影响小，或当创新对项目剩余价值的影响大，PPP 最优；如果私人产权项目剩余价值比公共产权大的可能性越高，或项目对公众的资产专用性越低，PPP 越可能最优。而且项目结束后，不经过再谈判自动转移资产给政府会降低企业事前投资，降低社会福利。Pouyet 和 Martimort（2008）还证明了决定是否捆绑的主要因素是外部性，其次是产权。在不完全契约的情况下，只能通过产权来激励建设商增加努力，如果外部性为正且拥有产权的私人利益足够小，那么 PPP 优于传统的政府采购。

从所有权分配角度来看。Martimort 和 Straub（2009）提供了一种理论，说明公共服务提供者的产权结构变化对社会腐败程度的影响，研究表明，在某些情况下，私有化会促进基础设施投资，也为更多的腐败敞开了大门。公众对私有化的不满就受到腐败程度的影响。模型解释了在拉丁美洲国家普遍存在的情况，即私有化提高了效率并促进了投资，与此同时，公众对私有化的不满度也很高。Auriol 和 Picard（2008）研究发展中国家的政府是否应在非竞争性部门中促进私有制和放松价格管制，并且模型着重于非竞争性部门私有化期间财政收益与消费者剩余之间的权衡。私有化将控制权转移到私人利益上，消除了公共补贴，以对消费者提高价格的代价为纳税人带来了好处。结果表明在预算紧缩的发展中国家，私有化和价格自由化对于低利润行业可能是最佳选择，而对于高利润行业则不是最佳选择。Pouyet 和 Martimort（2008）也考虑了产权安排，当契约不完全时，在私人利益足够小时，采用 PPP 的捆绑效应可以激励建设商增加努力，产权安排发挥了激励投资的作用。张喆等（2007）考虑了剩余控制权连续分配，研究所有权的配置对 PPP 效率的影响，发现产权配置同时影响企业的自利性投入水平和收益性投入水平，产权安排能同时达到企业选择较低的自利性投入和提高 PPP 效率的效果。在张喆研究的基础上，孙慧和叶秀贤（2013）引入初始契约明确规定的收益分配，同时考虑了剩余控制权连续分配和初始契约规定的项目收益比例，只有双方合作产生的合作剩余收益由剩余控制权决定，进而探讨剩余控制权配置的最优范围。

此外，还有一些文献研究声誉对 PPP 的影响，这些文献认为政府声誉对吸引社会资本尤为重要，为了维护政府与代理人双方之间合作关系的良好声誉，政府通常不会做出损害代理人利益的事情，例如政府忽然无理由地停止 PPP 项目，或者政府拒绝支付或延迟给代理人项目收益，良好的政府声誉有助于减弱套牢问题的负面作用（Croker 和 Reynold，1989；Salant 和 Woroch，1992；赖丹馨，2011）。

2.2.2　完全契约理论框架

完全契约理论框架主要分析信息不对称的影响。存在两类信息不对称，第一类是代理人的行动不可观测，在 PPP 项目中存在建设者提高资产质量的努力产生道德风险问题；第二类是代理人的类型不可观测，在 PPP 项目中存在运营商提供服务的成本产生逆向选择问题。在完全契约理论框架下，最优的机制设计应当以最低成本激励建设者加大投资，且运营商愿意揭示它的实际运营成本（Bentz、Grout 和 Halonen，2005；Martimort 和 Pouyet，2008；Iossa 和 Martimort，2015）。

Iossa 和 Martimort（2015）使用道德风险模型研究政府是否应该采用 PPP 模式，研究发现不论是存在正的外部性还是存在负的外部性，PPP 模式都可以提高建设期的努力水平，不会降低运营期的努力水平，说明 PPP 可以缓解道德风险问题。Pouyet 和 Martimort（2008）通过构建道德风险模型，发现在完全契约中，可以依据绩效签订契约，如果建设期的努力可以帮助降低运营成本（正外部性），那么应该捆绑建设期和运营期给单个企业，降低道德风险带来的不利影响，否则应该将两个阶段分开由不同企业经营。Bentz、Grout 和 Halonen（2005）同时考虑了 PPP 模式中政府与社会资本之间存在的道德风险问题和逆向选择问题（秦学志等，2004；黄建柏等，2009；袁竞峰等，2013；Sisavath 和吴海燕，2016），这些问题影响了 PPP 的效率。他们发现当建设和运营成本低时，政府偏向于 PPP，指出政府倾向 PPP 模式是因为成本原本就低，而不是因为 PPP 使成本低。只有当成本低时，政府才会采用 PPP，而以往研究发现 PPP 会降低成本的结论，存在样本选择性偏差。陈星光（2013）分析了 PPP 项目的融资模式，建立了社会资本各方和项目公司之间的道德风险模型以及项目投资人和项目公司之间的逆向选择模型，得到了 PPP 契约的合作期限、权益比例、项目外部风险大小、资金结构与项目经营者努力水平等变量之间的关系，为制定合理的 PPP 契约和融资贷款契约提供相应的理论依据。

此外，还有一些文献从规制角度来研究 PPP 模式。从监管角度看，PPP 模式实施过程中会存在政府部门监管与社会资本寻租的困境，当政府监管机构放松对社会资本的监督时，会增加寻租发生的可能性，导致社会福利净损失；相反当政府监管机构加强监管时，可以降低社会资本方和政府方的寻租行为，但同时又会产生高额的监督成本（Wettenhall，2003；陈红等，2014）。从政府的价格规制角度看，政府在允许社会资本自由定价和对社会资本定价进行规制之间权衡，而且研究发现产品定价规制与产品价值、产品公益性以及市场需求有关（Goodliffe，2002；宋波和徐飞，2011；何寿奎和傅鸿源，2009）。从政府补贴角度看，政府补贴是决定 PPP 项目融资成功的重要因素。政府补贴包括前后补贴两种，在项目建设期的直接补贴是事前贴补，在运营期的资金支持是事后补贴，这两种补贴模式有助于提高社会资本参与 PPP 项目的积极性（Chowdhury 和 Charoenngam，2009），而且政府的补贴模式与项目规模、未来收益以及政府的价格规制水平有关（Van Reeven，2008；吴孝灵等，2013）。

2.2.3 实证研究

经济学界从实证研究探讨 PPP 模式的原因和效果。Yehoue 等（2006）从国家层面和行业层面分析影响采用 PPP 的决定因素，发现在国家层面，在政府承受沉重债务负担、总需求和市场规模很大的国家中，PPP 更为普遍；良好的制度环境（腐败少）和有效的法治，以及 PPP 项目经验，都有助于促进采用更多的 PPP 模式。在行业层面，公共基础设施的性质、资本密集度和所需的技术都会影响 PPP 项目。Levin 和 Tadelis（2010）分析美国的 PPP 数据，发现政治因素和经济因素都会影响政府提供公共服务的模式。总体来看，不论现实中 PPP 应用的原因有多么复杂，PPP 模式应用的目的主要是规范地方政府的经济活动、缓解地方财政压力（Kumaraswamy 和 Zhang，2001）和提高社会基础设施的建设和投资运营效率（Aziz，2007；Meduri 和 Annamalai，2012）。

此外，考查 PPP 项目实施效果的实证分析存在较大差异。一些文献发现 PPP 的效果在不同地区、不同行业有所差别，私人资本参与提供公共产品和服务从总体来看并没有显著提升公共产品和服务的提供效率。Ramamurti（1996）、Broadbent 和 Laughlin（2003）、Leitch 和 Motion（2003）考察了拉丁美洲各国的电信部门和航空交通部门等公共部门的私有化情况，发现不同行业私有化对绩效的影响不同，电信行业的私有化提高了企业绩效，但在航空交通领域，私有化对绩效没有影响。Hall（2006）发现，欧盟国家在采用 PPP 模式后，公用部门整体价格涨幅比一般物价增长水平要高。此外，一些文献的实证分析结果显示，PPP 模式降低了公共部门的成本与风险（Leitch 和 Motion，2003）。张喆、贾明和万迪昉（2009）通过研究中国制药企业进行 PPP 合作的状况，发现一方面制药企业的自利性投入与企业的控制权水平呈现 U 形相关关系，当企业控制权超过某一值时，企业的自利性投入随着企业拥有的产权增加而显著增加，这说明应将企业拥有的产权控制在一个合适的范围内；另一方面当制药企业对 PPP 项目的评价高于政府部门时，企业的公益性投入会随着企业拥有的产权增加而显著增加，这说明将控制权较多赋予制药企业可以提高 PPP 的效率。Willner 和 Parker（2002）还研究了在不同国家 PPP 和公共部门效率差异也不相同，发现一些国家 PPP 更有效率，而在有些国家公共部门更有效率，还有的国家显示两者效率无差异。

2.3　公共管理视角的 PPP 研究

公共管理学者研究 PPP 的文献主要分为两类。第一类文献通常介绍 PPP 模式的基本定义、运作模式、存在的优势和问题，为认识和把握 PPP 模式提供了丰富的实践经验。例如，李秀辉和张世英（2002）是国内学术界较早探讨政府与社会资本合作的学者，他们将 PPP 看成一种项目融资模式，介绍了 PPP 产生的背景情况及其内涵，并提出了 PPP 模式在公共领域基础设施建设中的实践应用。王灏（2004）则更全面地介绍了 PPP 的定义、运作模式和分类，并根据其参与轨道交通 PPP 项目的经验，探讨中国交通领域是否可以采用 PPP 模式。Sabol 和 Puentes（2014）关于如何将 PPP 模式在基础设施领域成功实施，向美国政府提出了九条相关政策建议，具体包括在州级政府建立有效的政策框架、选择政治策略上可行的 PPP 项目、基于可量化的公共政策目标进行 PPP 决策等。孙学工等（2015）介绍了中国 PPP 发展的现状和存在的问题，提出发展 PPP 模式的政策建议。Verhoest 等（2015）通过构建政府支持 PPP 模式的指数，计算了政府对基础设施 PPP 项目中政府支持的力度，并比较了欧洲 20 个国家的政府支持力度。

第二类文献则从项目实施效果的角度分析 PPP 模式对公共领域项目最终成功和失败的影响效果。PPP 项目从前期准备阶段到项目正式进入建设期和运营期所需时间长，项目所需要的投资资金巨大，运营所涉及的经济和政治环境复杂，在这些背景下，在项目运行中涉及影响项目成败的因素，主要包括风险识别与承担、产品定价和调整机制、收益分配和产权分配、项目绩效评价机制、监督效果等，学者们从这些方面着手研究能够提升 PPP 实施效果的因素，这些研究总结了许多宝贵经验（Shen 等，2006；邓小鹏等，2006；刘新平和王守清，2006；周鑫，2009；李启明等，2010）。陈伟强和章恒全（2003）对比了 PPP 模式与 BOT 模式的区别，指出了 PPP 融资模式的优点，因为社会资本可以在早期阶段参与到 PPP 项目中，有效地参与了 PPP 项目的具体设计和执行，可能降低项目费用，减少项目风险并且有利于项目引入社会资本的技术和管理经验，达到更好地协调各方关系和合理分配风险的效果。Guasch（2004）通过案例分析发现拉丁美洲各国的特许经营 PPP 模式一半都面临再谈判，甚至最终项目失败，但是由于拉丁美洲国家政府和社会资本之间签订的契约信息不公开，难以深入判断项目失败的具体原因。柯永建等（2008）从项目风险分担角度分析项目失败的具体原因，对英法海峡隧道工程进行了案例分析，得出该项目失败的主要原因在于社会资本承担了过多不可控风险，提出了风险分担建议（Grimsey 和 Lewis，2002；彭桃花和赖国锦，2004；Li 等，2005）。赖丹馨和费方域（2010）也对 PPP 的实施效率进行了综述研究，提出风险和收益在政府部门和社会资本部门之间的分配是影响 PPP 项目能否成功的关键因素。Siemiatycki（2011）对英国 1987 年到 2009 年的 PPP 项目进行分析，得到影响 PPP 项目实施的正反两方面机制，提出 PPP 涉及各方多次合作，可以激励创新并有效降低交易成本，但 PPP 各方稳定的关系又可能会导致竞争减少，产生降低质量和提升成本的结果。

2.4 金融学视角的 PPP 研究

PPP 项目的融资通常采用项目融资的方式，从 PPP 项目的融资角度，学者们做了许多相关研究。Bettignies 和 Ross（2009）关注 PPP 的融资功能，且假设企业只能进行债务融资。相比公共融资的传统政府采购，PPP 项目的私人融资功能可以缓解政府的软预算约束，在后期即时终止坏项目，但由于社会资本可贷款金额低，其面临的融资约束也更强，使投资需求很大的项目无法被实施。当私人融资和公共融资都可行时，官员会选择私人融资。论文结论支持官员推广 PPP 项目。从私人融资的角度，Bettignies 和 Ross（2009）也提出了政府有动力推广 PPP 项目，并进行一定的干预，如给予补贴、共同融资。一方面因为私人融资是政府承诺不控制选民信念的一种手段；另一方面从软预算约束角度来看，私人融资是官员硬化预约的一种手段，后期有动力终止坏项目，缓解了项目的软预算约束问题。Iossa 和 Martimort（2011）指出若企业可以向金融机构进行私人融资，而且金融机构比政府更了解真实的生产率冲击，金融机构可以帮助政府监督企业，那么私人融资的 PPP 可以提高风险分担的效率，提高 PPP 的效率。

如何更好地促进社会资本参与 PPP 项目以及设计 PPP 模式下收益与风险的分担机制，Dewatripont 和 Legros（2005）研究说明政府和企业之间应共担风险，以及研究如何设计风险分担机制。原因在于两点：由于金融市场不完善，PPP 企业面临高融资约束和高融资成本；企业比政府更风险厌恶，如果企业承担的风险高，那么企业要求的回报会更高。风险分担契约也可以看作利益分成契约，企业利益分成比代表着风险承担比。Acharya 和 Sundaresan（2014）考察了政府担保的作用，政府担保除了可以降低项目风险外，还能够缓解 PPP 项目中的代理问题，从而激励社会资本参与基础设施建设领域。

针对 PPP 项目的最优资本结构，即权益债务比，从理论角度，Dewatripont 和 Legros（2005）还考虑了社会资本向第三方融资的情况，研究 PPP 项目股权融资和债权融资比如何分配。由于项目收益事前不确定，当建设期结束后，项目收益揭晓，可能存在政府或企业的再谈判甚至违约的情况，过多的股权融资或债权融资都会降低 PPP 的效率。Menezes 和 Ryan（2015）研究了政府无法承诺不再再谈判时，PPP 项目拍卖可以低价中标，但中标企业事后有再谈判动机，企业可能向政府敲竹杠。这强调了现实中 PPP 的一种状况：政府无法把需求风险真正转移给企业，也解释了 PPP 项目大量用金融贷款的原因（金融贷款增加了企业违约的动机）。这篇论文的关键在于，中标企业使用贷款融资建设基础设施来对政府敲竹杠；企业没有资金约束。企业使用贷款融资不是因为资金约束，而是为了强迫政府再谈判。当事后的市场需求很低时，企业收益无法弥补全部投资，有破产风险。如果贷款金额不是非常高，政府有动力进行再谈判给予企业更多转移支付，而不是进行重新分配特许权。研究表明限制企业的融资结构有合理性，贷款融资不能超过一定比例，因为高股权融资可以缓解企业对政府敲竹杠，但降低了存在资金约束的企业参与 PPP 项目的可能性。尤其是一些大项目，如果强限制贷款融资，使小企业、民营企业无法参与 PPP 项目，则 PPP 模式起不到吸引高效率民营企业来提高社会基础设施运营效率和提高公共服务质量的作用。从净现值的财务角度，Bakatjan 等（2003），Dias 和 Ioannou（1995）认为项目公司最优的资本结构应该可以保证最大化股东的投资回报，同时最大化项目的净现值。Acharya 和 Sundaresan（2014）提出了用纯性规划模型来设计 PPP 项目的最优资本结构，最大化项目内部收益率和项目的净现值。

2.5　本章小结

本章阐述了 PPP 的一些基本概念，并界定了社会资本的来源范围，介绍了狭义和广义的 PPP 运作模式，并且论述了与传统政府采购相比，PPP 模式的主要优势和可能产生的问题。虽然各个国家和部委对 PPP 有不同的具体定义，但公私双方合作、提供公共服务或公共产品、共享利益和共担风险这四个特点是 PPP 必备的内涵。中国社会资本来源不仅包括民营企业和外资企业，还包括国有企业，甚至是地方融资平台，国有企业可以作为社会资本方参与 PPP 项目是我国与其他国家实行 PPP 模式最大的不同。

此外，本章分别从经济学、公共管理和金融学这三个视角梳理国内外关于 PPP 研究的文献。经济学契约理论视角的 PPP 研究分为理论研究和实证研究。理论研究主要分为两个分支，一个是不完全契约理论的框架，另一个是完全契约理论的框架。实证研究则探讨 PPP 模式的原因和效果。公共管理学者研究 PPP 的文献主要分为两类。第一类文献通常介绍 PPP 模式的基本定义、运作模式、存在的优势和问题，为认识和把握 PPP 模式提供了丰富的实践经验。第二类文献则从项目实施效果的角度分析 PPP 模式对公共领域项目最终成功和失败的影响效果。PPP 还有一个特点是私人融资，金融学视角的文献研究了 PPP 的项目融资特点，以及 PPP 模式下收益与风险的分担机制，和项目最优资本结构设计。

第3章　PPP 的国际经验与中国案例

3.1　国际经验

PPP 模式作为政府融资的手段纳入了政府预算管理体系中，在全国范围内得到了大力实施和推行。但是目前我国的 PPP 模式相关制度建设、实践应用都处于初始阶段，PPP 的实施和推行还有待进一步规范，为了顺利推进 PPP 项目，应积极借鉴其他国家的成功经验。本章通过梳理英国、法国、加拿大等国家成功的 PPP 发展历程（这些国家在 PPP 领域已处于成熟阶段），总结了这些国家的成功管理经验。

3.1.1　英国

PPP 最早起源于欧洲收费公路。早在 15 世纪，商人联合设立类似信托的公司来修建公路和维护公路设施，资金源于私人借款，并且在道路上设立关卡进行收费来偿还借款，而现代意义上的 PPP 最早出现在英国。英国 PPP 运作的主要模式是私人融资计划（PFI）模式（PPP 模式的一种形式）。在 1980 年之前，英国的基础设施，如交通运输、水利设施、垃圾处理，主要由政府投资建设和运营，在撒切尔夫人执政后，为了缓解政府的财政压力，其在经济类基础设施领域大力推行私有化，采用市场化方式经营经济类基础设施。但是私有化的推行难以协调社会资本趋利性质与公共服务公益性质之间的矛盾，PFI 模式的产生则是为了解决这种矛盾、兼顾公私利益。

1981 年，英国制定法律允许社会资本在公共领域投资，法律规定在政府预算不包含的公共领域，经测定如果社会资本在该公共领域投资的成本低于政府进行投资的成本，那么社会资本可以投资公共领域。1992 年 11 月英国提出在公共服务领域推行政府购买服务的 PFI 模式，将 PFI

模式应用到学校和医院等公益类基础设施领域中，通过 PFI 模式将社会资本引入公共领域，缓解了财政支出压力并改善了基础设施服务和质量。由此，PPP 模式在 20 世纪 90 年代开始成为一种公共投资领域的主流融资模式，几乎覆盖了全部公共基础设施领域，在世界范围内尤其是欧美各国得到广泛的应用。

此外，英国还制定了相配套的改革措施，一方面，英国修订地方法规，甚至制定相关适用于相关公共领域的 PFI 的法律，增加了 PFI 项目的法律保障。另一方面，英国于 1997 年成立了 PFI 研究小组，协助涉及 PFI 的相关公共领域和政府部门推进项目并解决推行中面临的问题。PFI 法律的修订和相关研究部门的成立为英国积累了丰富的项目经验。

PFI 在推广中暴露了一些问题，主要是政府在项目中的参与度不足，政府监督的缺失导致社会资本全权主导项目运营，产生成本浪费、项目透明度低、风险分担不合理等问题，政府偿还债务的压力依旧很大。为了解决 PFI 中政府参与不足的问题，减轻政府债务压力，英国于 2012 年提出了 PF2 模式。首先，PF2 模式中政府资本金比例有所提高，政府拥有股权以便于监督和减少社会资本过度投机行为。其次，采用集中招标，项目招标过程更规范，强化了政府监督的职能，有利于选择更合适的社会资本，推进项目后续顺利运行。最后，PF2 项目信息也更加公开透明，方便市场监督项目发展的各个阶段。通过政府参与、规范招标和公开信息等措施，政府和社会资本双方基本形成了长期稳定的公私合作关系。

虽然没有专门统一的 PPP 法律，但英国现有法律明确界定了 PPP 的概念，规范了 PPP 模式的操作流程，也明确规定了争议解决方法，英国 PPP 模式拥有科学的管理模式，使其能顺利发展和推行，也使英国在此方面积累了丰富的实践经验。PPP 模式在英国成功实现了缓解政府财政压力和提高公共服务效率的目标。

3.1.2 法国

法国是世界上最早采用 PPP 模式的国家之一。从 1955 年开始，法国政府就在探索通过特许经营和使用者付费模式，在基础设施领域引入社会资本。1992 年后英国的 PFI 模式取得明显成效，法国开始建立 PPP 制度框架。法国的 PPP 体系呈双轨制，特许经营和政府购买服务都属于法国的 PPP 模式。在 2004 年，法国通过立法要求在政府付费类社会基础设施项目领域通过政府与社会资本签署合作伙伴合同（Contract of Partnership，CP），法国的 CP 模式类似于英国的 PFI 模式，但是采用的是政府购买服务模式，由政府付费，而非使用者付费，以发挥社会部门的专业化作用。

此外，法国还成立了相配套的部门来管理 PPP 项目，设立与 PPP 项目相关的经济部和财政部，分别负责经济发展工作和项目采购工作。经济部制定 PPP 项目的产业政策和行业规划，从经济性角度评估 PPP 项目是否具有可行性。而财政部对涉及政府资金投入和需要政府补贴的项目，监管财政资金在 PPP 项目中的使用。2005 年法国专门成立了服务于 CP 项目的工作小组，开展 CP 项目获得预算部批准前的评估工作。虽然法国没有专门针对特许经营设立普通法，PPP 项目仍以判例法为准，但在 PPP 项目的实施和采购方面，其法律体系和管理条例已经很成熟。

3.1.3　加拿大

近年来 PPP 在加拿大稳定运行，加拿大是国际上 PPP 运行和发展最好的国家之一。自 2008 年国际金融危机以来，PPP 模式在世界其他国家都不同程度地受到了负面影响，呈现低迷的状态，但加拿大的 PPP 市场仍然维持活跃状态，可以说加拿大的 PPP 项目是实践中最成功的，PPP 模式也最为成熟。

最初加拿大的 PPP 项目主要在交通、教育和医疗这类省级政府管理的公共领域，PPP 项目最初由省级政府推动。在见证了 PPP 模式的成功后，联邦政府也开始大力支持 PPP 模式在其他公共领域和全国范围推广。加拿大政府在 PPP 项目中发挥了举足轻重的作用，尤其是投入了相当部分的财政资金支持和参与 PPP 项目。联邦政府于 2007 年成立了"PPP 基金"和加拿大 PPP 局，协调 PPP 基金的使用，并带动了社会资本投资于 PPP 项目，使金融危机后公共领域的 PPP 项目维持了良好的运行。

2013 年，联邦政府又设立了"建设加拿大基金"，用于支持各级政府的基础设施建设，计划在十年内调动上百亿加拿大元资金。"建设加拿大基金"体现了联邦政府对地方政府的支持，联邦政府从资金上对 PPP 项目给予足够的支持，激发了地方政府参与 PPP 项目的热情，也激发了社会资本参与 PPP 项目的热情。此外，养老基金大量投入 PPP 项目也是加拿大项目融资方面的特色，养老基金的参与给 PPP 项目带来了充足的和低成本的项目资金。

此外，加拿大各级政府也制定了基础设施规划，从法律制度方面完善和规范 PPP 项目采购流程。PPP 模式在加拿大产生了良好的经济绩效，极大地促进了加拿大的经济发展、就业创造与居民福利增加。据加拿大 PPP 局统计，在 2003 年至 2012 年，PPP 模式为政府公共部门节约了 99 亿美元的财政支出，为联邦和地方政府创造了 75 亿美元的政府税收。

3.2 中国 PPP 的推进历程

从 20 世纪 80 年代开始，为了建设基础设施和吸引国外资本，中国政府开始探索 PPP 模式。1985 年的深圳沙角 B 电厂 BOT 项目被认为是我国第一个具有现代意义的 PPP 项目，项目由深圳经济特区电力开发公司与香港合和电力有限公司双方共同合作。从深圳沙角 B 电厂项目开始，中国开始逐步探索 PPP 模式在电力和交通等基础设施领域的应用，自此以后，PPP 模式在我国逐步发展起来。起初 PPP 模式以外国资本参与、地方政府领导下的 BOT 项目为主。

1994 年分税制改革后，中央开始进行 PPP 改革的顶层设计，并在小范围内进行试点，民营企业也开始尝试性地进入 PPP 领域，例如，1995 年的泉州刺桐大桥项目，是首个以民营企业投资为主的 BOT 项目。

2003 年，党的十六届三中全会明确提出支持民营企业参与公共领域，为民营企业参与 PPP 项目提供了合理的依据。这次会议也促进了 PPP 模式在公共领域的应用，民营企业较大规模地参与到基础设施领域的投资中。

2008 年，受国际金融危机影响，全球经济增速下滑，为了应对国际金融危机，中国实行了四万亿元经济刺激计划。各地政府都纷纷利用所属融资平台进行投融资，大量的国有背景的城市投资建设公司、城建开发公司作为地方融资平台而成立，此时基础设施建设项目以 BT 模式运行。这些地方融资平台挤出了民营企业的投资，民营企业在公共产品和服务领域的参与度有所下降，国有企业取代民营企业成为 PPP 中的社会资本方。

直到 2013 年，党的十八届三中全会提出"允许社会资本通过特许经营等方式参与城市基础设施投资和运营"后，我国才正式出台了规范 PPP 发展的文件。2014 年 43 号文发布后，中国 PPP 发展进入正式的规范阶段，PPP 模式在全国范围内快速推广和发展。从 2014 年开始，PPP 经历了三年快速发展期，大量的 PPP 项目发起和落地。同时，由于 2014 年 43 号文等政策的发布，地方政府为了缓解财政压力和促进经济增长，开始盲目地大力发展 PPP 模式，通过包装捆绑或明股实债等手段产生了大量不适合 PPP 模式和伪 PPP 模式的项目。

为了规范 PPP 市场发展，防控地方隐性债务风险，财政部于 2017 年 11 月发布了《关于规范政府和社会资本合作（PPP）综合信息平台项目库管理的通知》（财办金〔2017〕92 号，以下简称 92 号文），提出"进一步规范政府和社会资本合作（PPP）项目运作，防止 PPP 异化为新的融资平台，坚决遏制隐性债务风险增量"等要求，对 PPP 项目库的规范性提出了较严要求，2017 年底进行了 PPP 项目库的全面清理，并且后续清库工作持续进行。PPP 项目库整顿有助于提升在库项目质量整体水平，规范社会资本执行 PPP 项目，并减少地方政府未来隐性债务负担，降低出现严重问题的风险。

3.3　PPP 项目经典案例

3.3.1　北京地铁 4 号线项目

2004 年 8 月开工的北京地铁 4 号线项目是国内 PPP 模式成功实施的典范（见图 3-1），也是国内第一个城市轨道交通领域的 PPP 项目，4 号线在 2009 年 9 月运营。4 号线项目有效缓解了当时北京市政府投资压力，实现了北京市轨道交通行业投资和运营主体多元化突破，打破了行业垄断格局，引入了新的管理机制，提高了公共服务水平。

4 号线基础设施建设分为 A、B 两个相对独立的部分：A 部分为洞体、车站等土建工程，由京投公司成立的全资子公司四号线公司负责，涉及投资额约 107 亿元；B 部分为车辆、信号等设备部分，由 PPP 项目公司北京京港地铁有限公司（以下简称京港地铁）负责，投资额约 46 亿元。京投公司、香港地铁公司和首创集团出资成立 PPP 项目公司京港地铁，政府方和社会资本方的股权比例分别为 2% 和 98%；作为国有企业的京投公司既是项目的实施机构，又是政府方代表，而社会资本方是港澳台企业香港地铁公司（股权比例 49%）和国有企业首创集团（股权比例 49%）。

建设期结束后，京港地铁通过租赁获得 A 部分基础设施的使用权，并负责 4 号线的运营管理、全部设施（包括 A 和 B 两部分）的维护和除洞体外的资产更新，以及站内的商业经营。项目收益由地铁票款收入和站内商业经营收入两部分构成。地铁票款收入是 PPP 项目公司的主要收入来源，通过票价机制和客流机制的设计，项目公司获得了合理的回报。票价机制采用政府定价并构建调整机制，如果实际票价收入水平低于测算票价收入水平，PPP 项目公司可以获得缺口补偿，反之如果实际票价收入水平高于测算票价收入水平，市政府可以获得额外收入水平的 70%。客流机制是，当客流量连续三年低于预测客流量的 80%，政府给予项目公司一定的补偿或者项目公司可以放弃项目，反之当实际客流量超过预测客流量时，市政府可以获得额外客流量 10% 以内票款收入的 50%、额外客流量 10% 以上的票款收入的 60%。

最后，30 年特许经营期结束后，京港地铁将 B 部分项目设施无偿移交给市政府。

北京地铁 4 号线项目的成功主要得益于三个方面的因素。首先，政府方的积极协调且全程参与项目全过程，为项目实施和运行提供了全方位保障。其次，设计了合理的收益分配机制和风险分担机制，平衡了项目的公共利益和经济利益，既提高了交通领域的管理和服务效率，又保

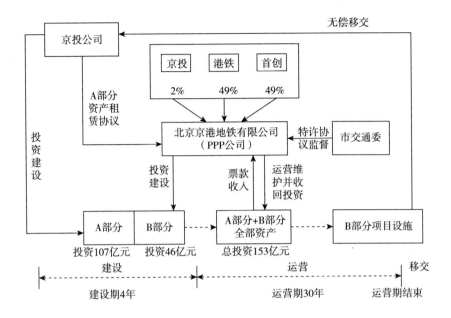

图 3 - 1 地铁 4 号线 PPP 模式

（资料来源：发改委官网）

障了社会资本的投资回报。最后，项目具有整套完备的监管体系，政府在项目全过程的不同阶段中均发挥了监督作用，且设计了详细的、量化的、细化的监管标准。

3.3.2 固安工业园区新型城镇化项目

2002 年，河北省固安县政府通过公开招标引入了华夏幸福公司，双方合作了固安工业园区 PPP 项目，社会资本方是民营企业华夏幸福公司，并成立了 SPV 公司——三浦威特园区建设发展有限公司，华夏幸福公司股权比例为 100%。SPV 公司负责固安工业园区的设计、投融资、建设、运营、维护等功能，提供整套完整的公共产品和服务。具体提供的公共产品和服务包括土地整理和开发、基础设施建设、公共设施建设及运营服务、产业发展服务以及规划咨询服务等一体化服务。

固安 PPP 模式有效统筹了产业和城市的关系，通过这种整体式外包方式，提供了一个完整的公共产品，即产业新城，既不是单一的孤立的

29

PPP 项目，也不是简单的单个项目的加总，而是从全生命周期角度进行地区开发，具有规模经济效应，避免了因投资主体众多而产生的协调成本和操作成本，确保了地区整体规划开发和项目长期运营的效果。

项目回报机制是使用者付费和政府付费相结合。固安县政府对华夏幸福公司的基础设施建设和土地开发投资按成本加成方式给予 110% 补偿；对于提供的外包服务，按约定比例支付相应费用。项目利润回报以固安工业园区增量财政收入为基础，如果当年财政收入没有增量，政府不需要支付服务费用。在风险分担方面，作为社会资本方的华夏幸福公司承担了所有的政策风险、债务风险和经营风险，而且政府没有任何财政风险。固安 PPP 模式实现了政府和企业利益的高度一致性，双方实现了互利共赢（见图 3－2）。

特许经营期结束后，SPV 公司向政府移交产业新城。

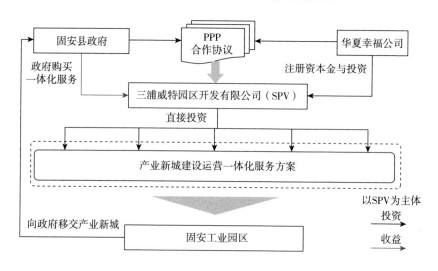

图 3－2　固安工业园区 PPP 模式

（资料来源：发改委官网）

固安模式具有很高的借鉴性，可在固安县新兴产业示范区和其他县市区推广。首先，固安模式采用整体外包综合开发模式，对整个区域进行整体规划，同时发展工业园内的纯公益项目和盈利项目，克服了公共产品领域项目收益回报和项目公益性不匹配的问题，在缓解政府财政负担的同时，推动了地区经济可持续发展。其次，华夏幸福公司拥有专业化的运营服务团队，可为进入工业园区的企业提供整套有效的公共服务，能有效提升公共服务供给效率。最后，产业规划和城市规划相结合，通过协商制度减少了操作成本，有助于打造先进产业群，促进区域产业转型升级，实现"产城融合"发展。

3.4　PPP 项目失败的五大陷阱

由于 PPP 模式天然具有项目投资大、时间长、风险高、合同结构复杂、项目事后谈判多、承诺无法兑现等众多特点和问题，国际和国内有不少 PPP 项目在运营中出现巨大的财务亏损，最终导致项目公司破产。因此，我国政府在推广 PPP 项目的过程中，应当认真总结教训，避免 PPP 项目的失败陷阱，完善相关法律和制度，从而发挥"后发优势"。根据国内外 PPP 项目经验以及相关文献，导致 PPP 项目失败的主要原因可以归纳为以下五个方面。

3.4.1　政府治理能力缺失导致项目失败

1. 政府未能遵守承诺

当民营企业预计政府可能不会履行 PPP 合同，或者政府承诺不可信时，会降低对 PPP 项目的投入，从而增加项目失败的概率。例如，在长春汇津污水处理项目中，因为政府废止了《长春汇津污水处理专营管理办法》以及判定原有合同无效等，关联方排水公司拖延甚至停止向污水处理公司交纳合同规定的污水处理费，断绝了 PPP 项目主体公司汇津公司唯一的收入来源。汇津公司申请调解无果，到法院起诉失败，最终导致污水处理厂被政府回购以及 PPP 模式失败。又例如，在希腊雅典新机场项目中，由于新一届政府拒绝执行上届政府与项目公司签订的合同，该项目失败。

2. 政府未能成功协调利益各方

在公用事业领域，政府为了公众的利益或为了迎合公众的诉求，通常会反对项目公司进行提价，即使这种提价是正常又合理的。这种政府干预常常使项目收益不足以弥补成本，成为造成项目失败的诱因之一。例如，在北京第十水厂的水价问题上，由于关系到公众利益，政府为了维护社会安定反对涨价，再加上其他原因，立项 16 年，第十水厂项目至今尚未完工。

3. 政府审批延误

一些项目的审批程序过于复杂，导致项目的审批时间长、成本高，延误了项目的最佳运作时机。一旦项目审批通过，对项目的性质和规模进行必要的商业调整又非常困难，这些都会给项目运作带来额外的风险。例如，因为水价改革需要建立听证会制度，征求消费者、经营者和各方面的意见，过程复杂再加上审批延误，最终导致北京第十水厂项目合作方之一安菱联合体退出该项目。在越南 Yen Lenh 大桥项目中，政府大多数时候不能及时审批，甚至撤销了原先的审批，使项目开发进度被延误，再加上对市场需求预测错误，导致实际收入远低于预期目标。

3.4.2　法律法规不完善导致项目失败

法律法规带来的风险有两个方面：一方面是法律不健全导致各种法律或政策之间存在冲突，现有法律对企业的保护不足；另一方面是当出现法律颁发、修订等变更情况时，已有合同与新的法律法规抵触而不能执行，但又没有相应的补救措施来保护项目的顺利进行。据统计，广东佛山的 16 个污水处理厂项目，有 50% 以上因与土地使用政策冲突而无法实施。英国 Derant Vally 医院项目完成后，其运营成本大大超出原先的估计，导致医院每年亏损几百万英镑。考虑到由欧盟发布的环保和安全方面的法律变更，项目的运营成本还将增加，亏损进一步放大。

3.4.3　市场的不确定性导致项目失败

1. 市场竞争带来额外风险

由于不可预期的因素，其他地方建设了类似的项目，与实施中 PPP 项目产生了直接的竞争，导致本项目需求不足，收入减少，带来亏损。例如，建成后的福建泉州刺桐大桥项目与由市政府收费的泉州大桥出现竞争，导致运营困难；弗吉尼亚 Dulles 绿色公路失败的原因之一是政府开放了一条平行的不收费公路。

2. 市场需求变化导致预测失误

由于宏观经济、社会环境、人口变化和法律法规调整等其他因素，市场需求发生了变化，预测需求与实际需求之间出现较大差异，从而给 PPP 项目带来了意料之外的风险。例如，山东中华发电项目是在当时电力供不应求的状况下开始运作的，经过几年项目建成后，随着山东电力集团对电厂、电网建设力度的加大和电力体制改革的推进，山东省电力市场总体上呈现供过于求的特点，极大地减少了项目的预期收益。

3. 市场收益低于预期

导致市场收益不足的原因主要在于两个方面：一是市场环境发生了变化，如激烈的商业竞争缩减了 PPP 项目未来的市场份额，或者市场需求发生变化使项目不符合市场的要求；二是企业对 PPP 项目前景过分乐观，高估了项目未来收益而低估了项目的成本。例如，首例规范化 BOT 公路项目北京京通公路在运营初期就面临收益不足的问题；德国罗斯托克的瓦诺隧道项目，运营后实际平均交通量不足预测的一半，因此项目刚开始瓦诺隧道就因预测差距巨大而亏损数千万美元。

3.4.4　融资不足导致项目失败

由于融资结构不合理和金融市场不健全等因素，PPP 项目没有完成融资而被迫取消或终止。在湖南某电厂的项目中，开发商因没能完成融资而被没收了投标保函；在土耳其阿科伊核电厂项目中，各方未能就风险分摊达成满意的协议，因此发起方和商业贷款方均不愿继续进行此项目。

3.4.5　其他不可控因素导致项目失败

其他因素包括自然灾害、战争和重大事故，这些因素是签订合同时无法预见和克服的。例如，江苏某污水处理场 PPP 项目在关于投资回报率的重新谈判中，项目公司与政府的谈判因为"非典"疫情而被迫中断并从此停滞。又例如，菲律宾国家电力公司与一批民营企业签订了 BOT

电力项目，结果在1997年亚洲金融危机之后电力需求减少，电力供给过剩了三分之二。电力公司又将成本转嫁给消费者，导致电价高涨，对本国经济发展产生了不利影响。

3.4.6 避免 PPP 项目失败陷阱的政策建议

第一，在 PPP 项目合同中，明确地方政府作为发包方应该承担的权利和义务，以及违约责任。从失败案例来看，政府违约是导致 PPP 项目失败的主要原因之一，因此必须将防止政府违约作为合同设计的主要考量因素。目前，发改委发布的《政府和社会资本合作项目通用合同指南（2014 年版）》，虽然规定了在合同中要明确各方（含地方政府）的权利和义务，以及违约条款，但是在实践中究竟如何追究地方政府的违约责任是一个空白地带。笔者建议，由 PPP 模式的主管部门财政部加强 PPP 项目的过程管理，及时在官方网站上公布 PPP 项目的进展，对进展顺利的项目予以表彰和推广，对地方政府违约导致失败的项目进行公开批评，敦促地方政府顾及自己的长远声誉，遵守承诺。

第二，为了减少法律法规变更对 PPP 项目的不利影响，应该在合同中规定，地方政府为参与投资的企业主体提供一定比例的损失补偿，进行风险共担。在日本和菲律宾，《公共项目法案》明确规定：如果项目因为政府的原因取消或禁止，则政府必须赔偿承包人在项目中实际发生的费用以及合理回报率。目前发改委的《政府和社会资本合作项目通用合同指南（2014 年版）》第 64 条提及了"法律变更"发生时关于变更项目合同或解除项目合同的程序要件，但是没有规定补偿主体和补偿方式，难以让项目投资企业吃下"定心丸"。此外，英国和日本的相关法律都规定，要及时清理那些阻碍民间资本参与 PPP 项目的法律法规，尽量在事前减少法律变更的不确定性。我国可由财政部和发改委牵头，会同国务院法制办以及全国人大法工委，梳理相关法律法规，为 PPP 模式的大力推广扫除法律障碍。

第三，加强不同层级地方政府之间的横向和纵向协调，避免 PPP 项目的重复建设和无效率竞争。由于 PPP 项目大部分是基础设施投资，具有自然垄断的性质，应该避免无谓的竞争。推进项目的地方政府应该在立项时与相邻的地方政府进行协调，必要时请上级政府出面协调，防止同一区域内类似项目的重复建设，避免项目开工后市场需求不足导致项目搁浅的失败后果。

第四，在 PPP 项目开展前，地方政府和投资方应该进行详细、科学的调研，并提交经过第三方鉴定的可行性报告，尽量降低市场不确定性带来的风险。在英国，法律规定参与 PPP 项目的私人部门必须向公众提供并预测真实的股权收益率。当前，尤其要防止一些地方政府为了政绩，不经过科学论证就仓促实施 PPP 项目，从一开始就埋下失败的隐患。

第五，多渠道完善投融资体制，减少项目的融资风险。在日本，政府针对 PPP 项目推出了无息贷款、长期负债和贷款担保等优惠政策。考虑到我国金融市场仍不够发达，建议在推进 PPP 项目时，考虑吸收银行作为项目投资方或者项目顾问，利用政策性银行（如国家开发银行）提供无息或低息贷款，或者政府提供必要的担保，尽量在事前控制融资风险。

第六，在项目风险较高的行业，成立 PPP 项目基金，为 PPP 项目提供适当的保险机制。在英国，法律规定要尽量将核心风险分担并控制在操作阶段，同时建立储备基金应对保险事宜。建议财政部作为 PPP 项目的管理部门，与发改委、国家开发银行以及保险公司共同成立 PPP 风险基金，对于那些由于不可抗力或者政府治理能力不足导致失败的项目进行一定程度的救济。当然，这种救济不是政府出来"兜底"，而是政府利用市场机制降低风险。

3.5　本章小结

PPP 模式作为政府融资的手段纳入了政府预算管理体系中，在全国范围内得到了大力实施和推行。但是目前我国的 PPP 模式相关制度建设、实践应用都处于初始阶段，PPP 的实施和推行还有待进一步规范，为了顺利推进 PPP 项目，应积极借鉴其他国家的成功经验。本章通过梳理英国、法国、加拿大等国家成功的 PPP 发展历程（这些国家在 PPP 领域已处于成熟阶段），总结了这些国家的成功管理经验。在中国，自 2013 年党的十八届三中全会后，随着中央政府对 PPP 模式的重视和推广，PPP 模式进入了快速增长期，社会资本方以国有企业为主，民营企业为辅。

在中国特色的 PPP 模式下，社会资本方包括国有企业。本章介绍了国有企业和民营企业参与 PPP 项目的两个经典案例——"北京地铁 4 号线项目"和"固安工业园区新型城镇化项目"。这两个项目都是发改委发布的 PPP 项目典型案例，这些典型案例有助于各地方和各部门学习借鉴其在社会资本主体选择、交易结构设计、回报机制确定等方面的内容，指导各地区探索 PPP 模型和规范 PPP 模式。

第4章 PPP中政府如何选择社会资本

4.1 前言

近年来，政府与社会资本合作在全国范围内大范围推广，已有超过1万个PPP项目入库财政部PPP综合信息平台数据库，涉及超过17万亿元的投资额。相较于世界其他国家，中国的PPP模式有一个显著不同的特点，就是社会资本方不仅包括民营企业、外资企业、港澳台企业，而且包括国有企业，其中国有企业是PPP项目的主要参与方。

中国推广PPP模式的初衷是吸引社会资本尤其是民营企业参与基础设施建设和提供公共服务，以缓解当前地方政府的债务压力并且提高基础设施建设和公共服务领域的效率，PPP已成为中国地方政府在基础设施建设领域融资的主要工具之一。但是民营企业对PPP项目的参与率较低。根据财政部PPP综合信息平台统计数据，截至2018年底，政府与社会资本合作综合信息平台项目管理库涉及社会资本方共5199个（见图4-1），包括2754家国有企业、2037家民营企业、325家外资企业（含港澳台企业）及83家其他类型的企业，即国有企业占比53.0%，民营企业占比39.2%，外资企业占比6.2%，其他企业占比1.6%。按参与项目数量来看，国有企业参与了1834个PPP项目，民营企业参与了1581个项目，外资企业参与了311个项目。国有企业涉及的PPP项目投资额约是民营企业的1.6倍（见图4-2），其中，民营企业主要参与污水处理、垃圾处理和园区开发等投资规模较小的行业，这些行业主要是由使用者付费且容易产生现金流的领域；外资企业也集中在污水处理行业，主要是因为污水处理行业定价机制完善、收益明确、风险低；而国有企业则多参与金额在5亿元以上的大项目，集中在市政道路、交通运输以及生态建设和环境保护等领域。以上表明，不论是从涉及的企业数量来看，还是从参与的项目数量来看，又或是从涉及的项目金额来看，虽然有不少民营企业参与到 PPP 项目中，中国 PPP 项目的参与主体仍是国有企业，民营企业参与率不足一半，外资企业占少数。

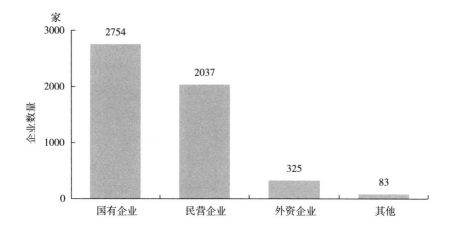

图 4 - 1　社会资本企业类型分布情况

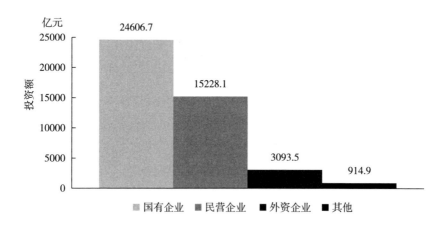

图 4 - 2　社会资本企业类型投资额分布情况

那么地方政府在选择与社会资本共同提供公共产品和服务时，或者说社会资本考虑参与到基础设施的建设和运营中时，不同所有制的企业面临不同的选择权衡。

（1）从融资成本来看，国有企业的融资成本显著低于民营企业。由于可能存在地方政府兜底预期，国有企业比民营企业更容易获得外部的债务融资。中国的融资体系和金融行业以银行业为主，而银行业以五大国有商业银行为主，相比民营企业，国有企业比较容易从银行获得低利率贷款。2017 年 8 月，中国财政科学研究院公开发布"降成本"调查与分析报告表明，民营企业处于劣势地位，而国有企业处于优势地位，其融资规模大并且融资成本低，在融资各方面明显优于民营企业。财政科学研究院的报告还列出了 2014—2016 年国有企业和民营企业的银行贷款利率，国有企业贷款的平均利率分别为 6.13%、5.91% 和 5.26%，民营企业贷款的平均利率则为 7.65%、7.41% 和 6.79%，国有企业贷款的平均利率明显要低于民营企业 1.5 个百分点。（2）从投资回报率来看，民营企业通常要求的投资回报率较高。民营企业一方面融资成本更高，另一方面有更强的逐利性动机。民营企业最关心的是利润等经济因素，国有企业除了关心利润外，还需要考虑社会就业、社会稳定以及社会影响力等非经济因素。因此相比国有企业，民营企业会追求更高的投资回报率，使其参与 PPP 项目的约束条件更难达到。林毅夫、刘明兴和章奇（2004）用 1995 年中国工业普查的资料数据，证明了预算软约束现象普遍存在的原因是政策性负担而不是所有制归属。在中国，国有企业承担着各种政策性负担，如由企业的自生能力所产生的战略性负担和由于承担冗员、社会养老问题所产生的社会性负担两部分，导致国有企业的效率更低且存在软预算约束问题。（3）从经营效率来看，民营企业生产和运营效率更高。民营企业关注经济效益可以激励民营企业运用自身的技术能力、项目经验来发掘更高效的生产方式和提升自身的创新能力，高生产效率和高运营效率有助于提升基础设施与公共服务的质量，促进 PPP 项目成功，这也是推广 PPP 模式的主要目的之一。国有企业的低效率不仅与企业自身管理运营能力有关，而且更与国有企业通常发挥的承担政策性负担的作用有关。Dewenter 和 Malatesta（2001）的研究也发现，国有企业更倾向于雇佣超过其有效经营的员工数量，导致其经营成本更高，表明了国有企业较低运营效率和较差的盈利能力。（4）从政府监督来看，政府更容易观测和监督国有企业的行动。政府作为国有企业直接或间接的管理者，可以直接获得国有企业经营过程的重要信息，因此，政府对国有企业有更准确的信息判断能力和更强的信息获取能力，政府与国有企业之间的信息不对称程度要低于民营企业。因此，相比民营企业，国有企业更容易被政府监督和管理，国有企业和政府的利益也更趋于一致。

既然国有企业和民营企业在融资成本、投资回报率、经营效率和政府监督这四个方面都有很大的不同，地方政府什么时候选择国有企业作为社会资本方，什么时候选择非国有企业作为社会资本方？民营企业在参与 PPP 项目时主要面临着什么困难？本章的研究有助于从理论角度理解中国推广 PPP 模式时民营企业进入难的问题。

4.2 基本模型

4.2.1 模型设定

本章刻画了政府选择社会资本主体（国有企业或民营企业）时面临的权衡，且不考虑政企合谋等政治因素，在一个相对良好、相对公平的政治环境中研究 PPP 模式。我们考虑这样一个 PPP 项目，该 PPP 项目需要政府和社会资本（企业）双方合作进行基础设施的建设并提供相应的公共产品或服务。PPP 项目有两个主要参与人：政府 G、企业 F。政府可以通过多种采购方式来选择企业作为 PPP 项目的社会资本方，并且分配产权，此外，政府还负责项目的前期准备（如进行项目物有所值评估和财政承受能力评估）、项目采购相关事项、监督项目建设和项目运营、PPP 项目结束后进行项目移交处理等；企业作为社会资本方，主要负责相关基础设施建设和项目运营。

财政部政府与社会资本合作中心把 PPP 项目分为五个阶段，分别是识别阶段、准备阶段、采购阶段、执行阶段和移交阶段。PPP 项目执行阶段又分为项目建设期和项目运营期两个时期，参与 PPP 项目的企业 F 同时负责 PPP 项目的建设和运营。实际上，参与 PPP 项目的企业 F 可能不是单个企业，而是由各类建设企业、金融机构、运营企业组成的联合体。

本书理论部分不考虑企业 F 内部的风险与收益分配，一方面，为了简化理论分析，而不考虑企业 F 的内部收益再分配；另一方面，政府与作为整体的企业 F 签订契约，企业 F 的所有企业作为一个共同体共同对 PPP 项目负责，共同承担项目的收益和风险，它们的责任难以独立。因此本章不考虑内部收益再分配，将所有参与的社会资本方看作一个整体企业 F，假设企业 F 的目标是企业利润最大化。

PPP 项目产生的社会效益是 $B = b_0 + bq$，其中 $b > 0$，$b_0 \geqslant 0$。$b > 0$ 代表基础设施建设质量 q 的边际社会效益为正，建设质量会产生正的社会效益，b_0 代表与建设质量无关的其他的产品或服务带来的社会效益。基础设施建设质量与建设努力 a 正相关：$q = a + \varepsilon_q$，扰动项 ε_q 服从分布 $\varepsilon_q \sim N(0, \sigma^2)$。

企业在建设期和运营期的努力分别是 a 和 e，相应的成本分别是 $\dfrac{a^2}{2}$ 和 $\dfrac{e^2}{2}$，努力水平可观测但不可缔约。企业的运营成本是 $C = \theta - e - q + \varepsilon_C$，运营成本是公开信息且可缔约，$\theta$ 代表企业的运营效率，扰动项 ε_C 服从分布 $\varepsilon_C \sim N(0, \sigma^2)$。

政府依据项目情况给予企业一定的补偿，本书假设政府给企业的转移支付与运营成本有关：$t = \alpha_0 + \alpha_1 C$，其中 $\alpha_0 > 0$，$\alpha_1 \in [0, 1]$。α_1 代表了政府对企业节约成本的激励大小，α_1 越大，企业节约成本的动力越弱。如果 $\alpha_1 = 0$，则是固定价格契约；如果 $\alpha_1 = 1$，则是成本加成契约，企业没有节约成本的动力。

本书还假设建设努力可以降低运营成本，即建设质量对运营效率存在正外部性。以往关于提供公共产品或服务的文献关注传统政府采购的方式和 PPP 模式的权衡，得出的一般结论是，当存在正外部性时，PPP 要优于传统政府采购。本章不讨论 PPP 模式和传统政府采购的合理性，而直接假设 PPP 项目优于传统政府采购时才会采用 PPP 模式，主要原因在于中国正式采用 PPP 模式的项目在项目前期已通过物有所值评估和财政承受能力评估，物有所值评估意味着项目适合采用 PPP 模式，财政承受能力评估意味着政府可以负担起项目的投资和成本。因此本书不考虑传统政府采购的方式和 PPP 模式的权衡，重点关注影响政府选择社会资本的因素以及政府和社会资本之间最优的产权分配。

政府 G 选择企业 F 作为社会资本方，并且政府 G 和企业 F 拥有的产权比重分别是 π 和 $1 - \pi$，$\pi \in [0,1]$。PPP 项目在初期需要固定投资 I，由政府和企业共同进行投资且按双方拥有的产权比来融资并投入项目中。在 PPP 项目中，政府主要进行土地和固定资产投资，企业主要进行资金和无形资产投资。

PPP 项目运营期结束后，项目剩余资产的价值是 sq，其中 $s \geq 0$。政府和企业按各自拥有的产权比重处理最终的资产，即政府以 $(1 - \pi)sq$ 的价格收回基础设施的产权或企业以 πsq 的价格获得基础设施的所有产权（私有化）。

4.2.2 效用函数

下面分析政府和企业的效用函数。

本书假设政府 G 是风险中性的自利政府，其效用函数是 $V = B - t - \pi I + \pi sq$，其中，$B$ 是项目的社会效益，t 是政府给企业的转移支付，πI 是项目初期政府的投资，πsq 是项目结束后政府拥有的资产价值。将各参数的具体表达式代入政府的效用函数中取期望，可以得到政府的期望效用如下：

$$EV = b_0 + ba - \alpha_0 - \alpha_1(\theta - e - a) - \pi I + \pi sa$$

本书假设企业 F 是风险厌恶的企业，风险厌恶系数是 γ，企业的效用函数是 $u = 1 - e^{-\gamma w}$，其中 w 是企业的净收入。企业保留收益是 $w_0 = \beta(1 - \pi)I$，w_0 是企业的外部选择权，企业进行投资得到的投资收益，除了用于偿还贷款外，还可以获得正常的超额利润，β 代表企业在市场上可以获得的超额利率。

综合上面的分析，企业的净收入可以表示为

$$w = t - C - \frac{a^2}{2} - \frac{e^2}{2} - (1 + r)(1 - \pi)I + (1 - \pi)sq$$

其中 $(1 + r)(1 - \pi)I$ 代表项目初期企业的固定资本投入和相应的贷款成本，r 是贷款利率，$(1 - \pi)sq$ 是项目结束后企业拥有的资产价值。根据企

业风险厌恶系数 γ，可以得到企业的确定性等价收入如下：

$$U = \alpha_0 + (\alpha_1 - 1)(\theta - e - a) - \frac{a^2}{2} - \frac{e^2}{2} - (1 + r)(1 - \pi)I$$

$$+ (1 - \pi)sa - \frac{\gamma \sigma^2 (\alpha_1 - 1)^2}{2} - \frac{\gamma \sigma^2 ((1 - \pi)^2 s^2}{2}$$

企业的参与约束是 $U \geqslant w_0$。

4.2.3　时间轴

T0：项目初期需要固定投资 I，政府 G 选择企业 F 作为社会资本方共同提供公共产品或服务。

T1：政府 G 与企业 F 签订契约，$\{\pi, t(C)\}$，政府 G 拥有全部谈判力。政府 G 和企业 F 拥有的产权比重分别是 π 和 $1 - \pi$，其中 $\pi \in [0, 1]$。项目结束后，政府给企业转移支付 t，转移支付与企业的运营成本有关。

T2：项目初期需要固定投资 I，由政府 G 和企业 F 共同进行投资，且按各自拥有的产权比重来融资并投入项目中。

T3：建设期，企业 F 付出建设努力，努力水平不可缔约。

T4：运营期，企业 F 付出运营努力，努力水平不可缔约。企业付出运营成本，运营成本可缔约。

T5：项目实现社会效益 B，政府支付企业 t。

T6：移交产权。

4.2.4　模型求解

（1）最优契约。

在社会最优时，政府和企业之间信息完全对称，企业的建设努力水平和运营努力水平可以观测也可以缔约，政府和企业也没有资金约束。社会最优时，政府 G 和企业 F 可以直接签订关于努力水平和产权的契约，契约结构是 $\{\pi, a, e\}$。

求解社会最优，最大化政府和企业的效用函数：

$$W = U + V$$

$$= b_0 + ba - (\theta - e - a) - \frac{a^2}{2} - \frac{e^2}{2} - r(1 - \pi)I - I + sa$$

$$= b_0 - \theta + (b + 1 + s)a + e - \frac{a^2}{2} - \frac{e^2}{2} - r(1 - \pi)I - I$$

通过一阶求导，可以得到社会最优的建设努力、运营努力和产权分配如下：

$$a^{FB} = b + 1 + s$$

$$e^{FB} = 1$$

$$\pi^{FB} = 1$$

社会最优时，政府会给企业固定支付，不存在风险溢价；企业提供最优的努力水平；而且政府拥有所有产权，企业不需要产权激励就会提供最优努力水平。

（2）最佳契约。

仍然假设政府和企业之间信息完全对称，但企业的努力水平不可缔约，自利的政府如何设计契约呢？

尤其政府只能观测到运营成本而观测不到企业的努力水平，因此政府 G 和企业 F 之间的契约建立在运营成本的基础上，契约结构是 $\{\pi, t(C)\}$。政府拥有全部谈判力，企业 F 依据给定的契约 $\{\pi, t(C)\}$ 和收益最大化原则选择相应的建设努力水平和运营努力水平，最终政府 G 和企业 F 双方实现各自的收益。政府 G 会在满足企业最优努力水平选择和参与约束的提前下，最大化其期望收益，方程式如下：

$$\max_{\{\pi, \alpha_0, \alpha_1\}} EV = b_0 + ba - \alpha_0 - \alpha_1(\theta - e - a) - \pi I + \pi sa$$

$$s.t.$$

$$(a, e)$$

$$\in \arg\max_{\{a, e\}} U = \alpha_0 + (\alpha_1 - 1)(\theta - e - a) - \frac{a^2}{2} - \frac{e^2}{2}$$

$$- (1 + r)(1 - \pi)I + (1 - \pi)sa$$

$$- \frac{\gamma \sigma^2 (\alpha_1 - 1)^2}{2} - \frac{\gamma \sigma^2 ((1 - \pi)^2 s^2)}{2}$$

$$U \geqslant w_0$$

采用逆向归纳的思路，先求解企业的行为决策。企业最大化其确定性等价收入 U，得到最优的建设努力和运营努力如下：

$$a = \arg\max U = (1 - \pi)s + (1 - \alpha_1)$$

$$e = \arg\max U = 1 - \alpha_1$$

上述两个式子表明，（1）提高建设质量的努力与两个因素有关，一个是节约成本的激励，另一个是产权激励。给予企业更多产权和使用高激励手段，可以增加企业在提高建设质量上的努力。（2）运营努力只与节约成本的激励有关。节约成本的激励越强，企业越会增加运营努力以节约成本。

下面求解政府，将 a 和 e 代入企业的确定性等价收入 U 中，且企业的参与约束是紧的，可以得到：

$$
\begin{aligned}
\alpha_0 &= -\frac{\left[(1 - \alpha_1) + (1 - \pi)s\right]^2}{2} - \frac{(1 - \alpha_1)^2}{2} \\
&\quad + (1 - \alpha_1)\theta + (1 + r)(1 - \pi)I \\
&\quad + \frac{\gamma\sigma^2(1 - \alpha_1)^2}{2} + \frac{\gamma\sigma^2(1 - \pi)^2 s^2}{2} + \beta(1 - \pi)I \quad \#(4-1)
\end{aligned}
$$

然后将 a、e 和 α_0 代入政府的期望收益中，

$$
\begin{aligned}
EV &= b_0 - \alpha_0 - \alpha_1\theta + (b + \alpha_1 + \pi s)a + \alpha_1 e - \pi I \\
&= b_0 - \theta + (b + \alpha_1 + \pi s)\left[(1 - \alpha_1) + (1 - \pi s)\right] + \alpha_1(1 - \alpha_1) - I \\
&\quad - (r + \beta)(1 - \pi)I + \frac{\left[(1 - \alpha_1) + (1 - \pi)s\right]^2}{2} \\
&\quad + \frac{(1 - \alpha_1)^2}{2} - \frac{\gamma\sigma^2(1 - \alpha_1)^2}{2} - \frac{\gamma\sigma^2(1 - \pi)^2 s^2}{2}
\end{aligned}
$$

再分别对 α_1 和 π 求导，可以得到：

$$\frac{\partial V}{\partial \alpha_1} = (1 - \pi)s - (b + s + 2) + (2 + \gamma\sigma^2)(1 - \alpha_1) \quad\quad \#(4-2)$$

$$\frac{\partial V}{\partial \pi} = -s(b + s + 1) + I(r + \beta) + s(1 - \alpha_1) + (1 + \gamma\sigma^2)s^2(1 - \pi)$$

$$\#(4-3)$$

化简公式（4-2）和公式（4-3）可以得到政府的产权分配函数和政府给企业的转移支付函数如下：

$$\pi = \frac{s(b+s+1) - I(r+\beta) - \dfrac{s(b+s+2)}{2+\gamma\sigma^2}}{(1+\gamma\sigma^2)s^2 - \dfrac{s^2}{2+\gamma\sigma^2}} \qquad \#(4-4)$$

$$1 - \alpha_1 = \frac{b+\pi s+2}{2+\gamma\sigma^2} \qquad \#(4-5)$$

政府和企业之间信息对称，但企业的努力水平不可缔约时，政府与企业之间的最佳契约 $\{\pi, t(C)\}$ 满足如上式（4-1）、式（4-4）、式（4-5）；企业的参与约束为紧约束，企业只能拿到保留收益 w_0。

（3）政府效用。

下面分析政府的效用水平，将式（4-1）、式（4-4）、式（4-5）代入政府的效用函数中，得到政府的效用水平 EV。

研究发现，$\dfrac{\partial V}{\partial \theta} < 0$，企业的运营效率越高，越能给政府带来更高的收益，说明政府倾向于选择高效率的企业作为社会资本方合作。

这说明当其他情况相同时，政府倾向于选择与效率高的企业合作 PPP 项目，说明政府择优选择合作的社会资本。那么为什么在现实中，并不是所有 PPP 项目都是高效率企业在维持运营呢？这是因为企业除了效率差别外，还存在其他异质性因素，影响政府选择社会资本。例如，企业的融资成本是企业参与 PPP 项目和政府选择企业的非常重要的因素。PPP 项目需要的投资需求大，而且项目具有一定的公益性，产生的社会回报并不高，因此高融资成本的企业可能会被排除在 PPP 项目外。与融资成本相类似的一个因素是企业要求的回报率，PPP 项目的公益性决定了其回报率并不高。

此外，$\dfrac{\partial V}{\partial r} < 0$，$\dfrac{\partial V}{\partial \beta} < 0$，企业的融资成本越高，企业要求的投资回报率越高，政府的效用越低，说明政府倾向于选择低融资成本、低投资回报率要求的企业作为社会资本方合作。

前面解释了政府推广 PPP 吸引民营企业的主要原因，这里解释了 PPP 项目中民营企业参与率低的主要原因。民营企业的融资成本高，且要求的回报率也高，可能无法满足民营企业的参与约束，阻止了民营企业参与 PPP 项目。民营企业参与率低也说明了，在中国，政府选择社会资本方时，企业效率可能并不是政府考虑的最重要的因素。

4.2.5　政府监督

政府在 PPP 项目中还有一个重要的作用是监督社会资本，政府的监督可以保证项目更合理、更有效地进行。政府监督企业还需要企业的配合才能发挥真正的作用，因此政府倾向于选择易于监督的企业。虽然国有企业相比民营企业效率低，但国有企业的融资成本低，要求的回报率也低，且易于政府监督，这几个因素使 PPP 项目中国有企业的参与率要高于民营企业，解释了民营企业参与率低的原因。

为了吸引民营企业参与 PPP 项目，政府要为民营企业创造更完善的金融市场，降低民营企业的融资成本，提高资金的使用效率。

两种政府监督包括质量监督和运营监督。质量监督可以理解为政府在建设期间的努力水平，建设期间政府努力和企业努力两者之间互补，任一努力水平的提高都有助于提高建设质量；运营监督可以理解为政府在运营期间的努力水平，运营期间政府努力和企业努力两者之间互补，任一努力水平的提高都有助于降低运营成本。政府要为其监督努力付出成本，监督水平为 m，则监督成本是 $\dfrac{m^2}{2}$。

（1）考虑政府质量监督。

基础设施建设质量与企业的建设努力和政府的质量监督有关，$q = \chi ma + \varepsilon_q$。

m 代表政府的监督水平，可以看作政府在建设质量上投入的努力水平。假设在建设期，政府努力水平和企业努力水平互补，监督成本是 $\dfrac{m^2}{2}$。

χ 代表政府监督的有效性水平，也代表政府和企业努力的互补性程度。在存在政府质量监督时，企业的确定性等价收入为

$$U = \alpha_0 + (\alpha_1 - 1)(\theta - e - a) - \frac{a^2}{2} - \frac{e^2}{2} - (1 + r)(1 - \pi)I$$

$$+ (1 - \pi) s \chi m a - \frac{\gamma \sigma^2 (\alpha_1 - 1)^2}{2} - \frac{\gamma \sigma^2 ((1 - \pi)^2 s^2)}{2}$$

政府的期望收入是

$$EV = b_0 + b(\chi m a) - \alpha_0 - \alpha_1 (\theta - e - a) - \pi I + \pi s (\chi m a)$$

同理，先求解企业收入最大化得到：

$$a = \arg \max U = (1 - \pi) s m \chi + (1 - \alpha_1)$$

$$e = \arg \max U = 1 - \alpha_1$$

最大化政府收入的最佳激励契约、产权契约和政府监督水平满足：

$$\frac{\partial V}{\partial \alpha_1} = 0, \quad \frac{\partial V}{\partial \pi} = 0, \quad \frac{\partial V}{\partial m} = 0$$

（2）考虑政府成本监督。

政府监督企业运营影响企业的运营成本，$C = \theta - \chi m e - a + \varepsilon_C$。

同理假设政府监督和企业努力的互补性，合理且有效的政府监督可能帮助企业改善运营条件，并节约运营成本。χ 代表政府监督的有效性水平，也代表政府和企业努力的互补性程度。在存在政府质量监督时，企业的确定性等价收入是

$$U = \alpha_0 + (\alpha_1 - 1)(\theta - \chi m e - a) - \frac{a^2}{2} - \frac{e^2}{2} - (1 + r)(1 - \pi) I$$

$$+ (1 - \pi) s a - \frac{\gamma \sigma^2 (\alpha_1 - 1)^2}{2} - \frac{\gamma \sigma^2 ((1 - \pi)^2 s^2)}{2}$$

政府的期望收入是

$$EV = b_0 + b a - \alpha_0 - \alpha_1 (\theta - \chi m e - a) - \pi I + \pi s a$$

同理，先求解企业收入最大化得到：

$$a = \arg \max U = (1 - \pi) s + (1 - \alpha_1)$$

$$e = \arg \max U = (1 - \alpha_1) m \chi$$

结果表明，$\frac{\partial V}{\partial \chi} > 0$，$\frac{\partial V}{\partial \theta} < 0$，$\frac{\partial V}{\partial r} < 0$，$\frac{\partial V}{\partial \beta} < 0$，表明存在政府监督时，基本结论仍不变；如果考虑政府监督，无论是政府质量监督还是成本监督，当其他条件相同时，政府更倾向于选择易于监督的国有企业。

4.2.6　信息不对称

以上分析没有考虑政府与企业之间的信息不对称，没有考虑承诺不可信引起的再谈判问题，也没有考虑政企合谋，而是在一个相对公平的政治环境和市场环境中，分析影响政府效用的主要因素，这些因素影响政府选择社会资本方的决策。

在委托代理理论框架下，本小节考虑存在信息不对称，考虑由于隐藏信息产生的逆向选择问题。企业运营效率是企业的私人信息，按企业运营效率区分有两类企业：高效率企业和低效率企业，效率 $\theta \in \{\underline{\theta}, \overline{\theta}\}$，$p = prob(\theta = \underline{\theta})$，企业是高效率类型的概率是 p。政府不知道企业效率，事后也无法证实企业效率，企业效率的分布函数是公开信息。其他设定同本章的基本设定。最优的机制应当以最小的激励成本促进企业进行适当的建设投资和运营投资，且企业愿意揭示其真实的运营成本。

政府拥有全部谈判力，政府 G 与企业 F 签订契约，$\{\pi, t(C)\}$，契约结构与企业类型有关，不同类型的企业选择相应的契约 $\{\pi(\overline{\theta}), \alpha(\overline{\theta})\}$ 或 $\{\pi(\underline{\theta}), \alpha(\underline{\theta})\}$。不同类型的企业 F 依据给定的契约和收益最大化原则选择相应的建设努力和运营努力，最终政府 G 和企业 F 双方实现各自的收益。政府 G 会在满足企业 F 的激励相容约束和参与约束的提前下，最大化其期望收益，方程式如下：

$$\max_{\{\pi(\theta), \alpha(\theta)\}} EV = pV(\underline{\theta}) + (1 - p)V(\overline{\theta})$$

s.t.

$$(IC1): U(\overline{\theta}, \{\pi(\overline{\theta}), \alpha(\overline{\theta})\}) \geq U(\overline{\theta}, \{\pi(\underline{\theta}), \alpha(\underline{\theta})\})$$

$$(IC2): U(\underline{\theta}, \{\pi(\underline{\theta}), \alpha(\underline{\theta})\}) \geq U(\underline{\theta}, \{\pi(\overline{\theta}), \alpha(\overline{\theta})\})$$

$$(IR1): U(\overline{\theta}, \{\pi(\overline{\theta}), \alpha(\overline{\theta})\}) \geq \overline{U_0}$$

$$(IR2): U(\underline{\theta}, \{\pi(\underline{\theta}), \alpha(\underline{\theta})\}) \geq \underline{U_0}$$

命题 4 - 1：由 IC 条件得到 $\overline{U} + \Delta\theta(1 - \underline{\alpha_1}) \geq \underline{U} \geq \overline{U} + \Delta\theta(1 - \overline{\alpha_1})$，即有 $\overline{\alpha_1} \geq \underline{\alpha_1}$。

命题 4 - 1 条件说明，对于低效率的企业，政府倾向于采用补贴成本的低激励契约；对于高效率的企业，政府倾向于采用支付固定价格的高激励契约。通过针对不同类型的企业设计不同的契约，政府能够把不同类型的企业区分开来，使低效率的企业选择低激励契约，高效率的企业选择高激励契约，以满足企业的利益最大化要求。

由于国有企业的效率低于民营企业，将模型中设定的高效率企业看作民营企业，低效率企业看作国有企业。民营企业要求至少得到市场投资回报率，而国有企业要求的回报率可以低于市场投资回报率，满足安全回报率即可。接下来，注意模型中的 IR 条件，国有企业的参与约束是 $\overline{U}_0 = (1 + \beta_{safe})(1 - \pi)I$，民营企业的参与约束是 $\underline{U}_0 = (1 + \beta_{risk})(1 - \pi)I$，民营企业的参与约束更紧。

命题 4 - 2：比较 $\Delta\theta(1 - \overline{\alpha_1})$ 和 $\Delta\beta(1 - \pi)I$，在 $\Delta\theta(1 - \overline{\alpha_1}) < \Delta\beta(1 - \pi)I$ 的情况下，即使满足激励相容条件，由于无法满足参与约束，高效率企业同样不会参与 PPP 项目。

命题 4-2 说明了民营企业参与率低的原因，指出在某些情况下，民营企业无法进入 PPP 项目市场。条件 $\Delta\theta(1 - \overline{\alpha_1}) < \Delta\beta(1 - \pi)$ 说明了四种民营企业参与率会明显低于国有企业的情况，解释了 PPP 项目民营企业参与率低的原因。第一种情况是，民营企业难以进入初始投资需求很高的项目，即投资 I 很大；第二种情况是，当民营企业和国有企业要求的投资回报率差异很大时，民营企业难以进入 PPP 项目，即投资回报率差异 $\Delta\beta$ 很大；第三种情况是，当民营企业和国有企业的运营效率差异不太大时，融资成本低且参与约束更松的国有企业相比民营企业更有竞争优势，即效率差异 $\Delta\theta$ 很小；第四种情况是，企业拥有的产权比例越高，意味着需要企业承担的风险越大，民营企业参与 PPP 项目的意愿降低，即政府产权比例 π 很小。

4.3　本章小结

本章通过构建契约理论模型说明了在其他情况相同时，政府倾向于选择与效率高的企业合作 PPP 项目，说明政府择优选择合作的社会资本；并解释为什么在现实中，并不是所有 PPP 项目都是高效率企业在维持运营，这是因为企业除了效率差别外，还存在其他异质性因素影响政府选择社会资本。例如，企业的融资成本是企业参与 PPP 项目和政府选择企业的非常重要的因素。PPP 项目需要的投资需求大，项目具有一定公益性，产生的社会回报并不高，因此高融资成本的企业可能会被排除在 PPP 项目外。与融资成本相类似的一个因素是企业要求的回报率，PPP 项目的公益性决定了其回报率并不高。PPP 项目民营企业参与率低的主要原因在于民营企业的融资成本高且要求的回报率也高，无法满足民营企业的参与约束，进而阻止了民营企业参与 PPP 项目。民营企业参与率低也说明了，在中国，政府选择社会资本方时，企业效率可能并不是政府考虑的最重要的因素。

模型还说明了当政府和企业存在信息不对称时，对于低效率的企业，政府倾向于采用补贴成本的低激励契约；对于高效率的企业，政府倾向于采用支付固定价格的高激励契约。通过针对不同类型的企业设计不同的契约，政府能够把不同类型的企业区分开来，使低效率的企业选择低激励契约，高效率的企业选择高激励契约，以实现企业的利益最大化。

最后，本章列出了民营企业难以参与 PPP 项目的几种情况，第一种情况是，民营企业难以进入初始投资需求很高的项目；第二种情况是，当民营企业和国有企业要求的投资回报率差异很大时，民营企业难以进入 PPP 项目；第三种情况是，当民营企业和国有企业的运营效率差异不太大时，融资成本低且参与约束更松的国有企业相比民营企业更有竞争优势；第四种情况是，企业拥有的产权比例越高，意味着需要企业承担的风险越大，民营企业参与 PPP 项目的意愿降低。如果政府无法控制项目面临的政治风险、民营企业的融资成本很高、民营企业要求的回报率过高、项目初始投资巨大，这些条件的存在无法满足民营企业的参与约束，阻止了民营企业参与 PPP 项目。

第5章 政府选择社会资本方的计量分析

本章将通过计量分析证明 PPP 项目中地方政府在选择社会资本时存在所有制偏好，分析影响民营企业参与率低的因素是否在中国 PPP 模式中发挥作用，并研究各种情况下，各种所有制类型的企业参与甚至控股 PPP 项目的情况。本章首先对使用的 PPP 数据来源进行说明，并进行基本的描述性统计分析；接下来使用 Mlogit 模型、Logit 模型和 OLS 模型，从实证的角度分析影响不同所有制、不同地区、存在上市差异的社会资本参与 PPP 项目的因素，以及影响项目落地速度的因素；最后进行本章总结。

根据第 4 章命题 4 - 2 列出的民营企业难以参与 PPP 项目的几种情况，从理论上研究项目所需投资额和金融市场环境影响民营企业参与项目的情况，本章将验证以下的两个假说，此外还将说明其他影响政府选择社会资本的因素。

假说 1：项目所需投资额与民营企业参与度存在负相关关系。

假说 2：金融市场化程度与民营企业参与度存在正相关关系。

5.1 数据来源和描述性统计

本书的 PPP 项目数据包含的变量有：（1）项目基本信息：项目所在地区、总投资额、合作期限、所处阶段、所属行业、回报机制、项目发起时间、示范级别、采购方式。（2）股东企业信息：股东名称、政府方或社会资本方代表、股东的股权占比、股东所在地区、股东类型，以及是否是本地企业、控股情况。（3）地区经济和制度数据：城市信用得分、金融业的市场化、市场中介组织的发育和法律制度环境、地区生产总值增长率、人均地区生产总值、预算赤字率、国有控股企业数量比重、外资控股企业数比重。

5.1.1　项目基本信息

项目基本信息数据来源于财政部 PPP 综合信息平台。

本书整理了全国 PPP 综合信息平台公布的项目数据，数据截至 2018 年 12 月 31 日。全国 PPP 综合信息平台是由财政部成立的 PPP 研究中心，按项目全部进行过程将项目划分为识别、准备、采购、执行和移交五大阶段，后四个阶段的项目属于项目管理库，目前没有项目处于移交阶段，识别阶段的项目纳入项目储备清单。本书分别将识别、准备、采购、执行阶段赋值为 1~4，赋值越大，代表项目越接近完成状态。截至 2018 年 12 月 31 日，管理库涉及项目数 8649 个、投资额 13.1 万亿元。此外，还有 3975 个项目处于识别阶段，涉及投资额约 4.6 万亿元（见图 5 – 1），这些项目未来都可能成为 PPP 项目。识别阶段的项目还需要通过物有所值评估（VFM）和财政承受能力评估，通过这两个指标的项目则可以正式采用 PPP 模式开展后续事宜。伴随着这两个指标论证方法的逐步完善，以及越来越多的 PPP 项目实施，PPP 财政预算支出也会逐渐积累，随着时间的推进，识别阶段的项目采用 PPP 模式的可能性也将有所下降。因此本书主要分析管理库中正式采用 PPP 模式的项目。

截至 2018 年第四季度管理库各阶段项目数如图 5 – 1 所示，4860 个 PPP 项目已落地（落地项目指处于执行阶段的项目），项目落地率是 56.2%，财政部列示了项目落地率的表达公式，即项目落地率 = ［（执行阶段的项目数量）／（采购阶段 + 准备阶段 + 采购阶段 + 执行阶段的项目数量）］×100%。政府与社会资本方双方正式签署 PPP 合同，即表示 PPP 项目采购阶段已经完成，执行阶段将正式开始，虽然此时 PPP 项目可能仍面临着未来融资的不确定性，但基本可以代表项目正式实施落地。

投资额均值是 15.13 亿元，标准差是 36.05，项目所需投资额差异很大。最小的投资额是 5.45 万元，是江苏淮安南京外国语学校项目；最大的投资额是 898 亿元，是河北省太行山等高速公路项目包。PPP 项目所需投资额的大小与所处行业密切相关。其中，投资额居前四位的行业占项目总投资额的 80.2%。

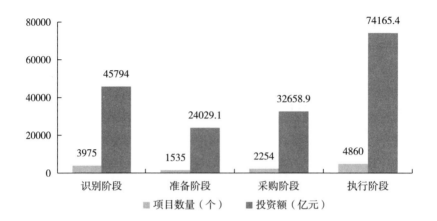

图 5 - 1　PPP 项目基本情况

（资料来源：作者整理，数据来源于财政部 PPP 综合信息平台）

图 5 - 2 展示了项目发起年份的分布情况。超过 95% 的项目是 2015 年以后发起的，而且近 90% 的项目集中在 2015 年、2016 年和 2017 年这三年中，2018 年的项目数量明显减少。PPP 项目平均合作期限是 19 年，最短的合作期限是 2 年，最长的合作期限是 52 年。超过一半数量（55.7%）的 PPP 项目的合作期限为 11 ~ 20 年，合作期限处于 21 ~ 30 年的项目也占很大比重（30.4%），较少项目（11%）合作期限低于 10 年，极少数项目（2.9%）合作期限超过 30 年。相比于合作期限只有几年的传统政府采购，PPP 项目签订的基本是长期合作契约，政府与社会资本共担风险。

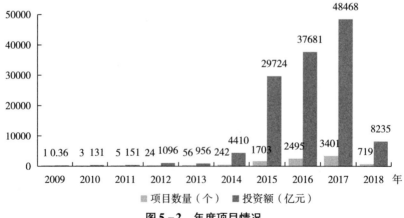

图 5 - 2　年度项目情况

从 2014 年 9 月的 43 号文宣布推广 PPP 模式开始，PPP 经历了三年快速发展期，大量的 PPP 项目发起和落地。同时，由于 2014 年 43 号文等政策的发布，地方政府为了缓解财政压力和促进经济增长，开始盲目大力发展 PPP 模式，通过包装捆绑或明股实债等手段产生了大量不适合 PPP 模式和伪 PPP 模式的项目。为了规范 PPP 市场发展，防控地方隐性债务风险，财政部于 2017 年 11 月发布了 92 号文，对 PPP 项目库的规范性提出了较严要求，2017 年底开始了 PPP 项目库的全面清理，并且后续清库工作持续进行。因此从 2018 年初开始，PPP 总量变动很小。PPP 项目库整顿有助于提升在库项目质量整体水平，规范社会资本执行 PPP 项目，并减少地方政府未来隐性债务负担，降低出现严重问题的风险。

PPP 项目各地区分布如图 5－3 和图 5－4 所示。从累计项目数量来看，管理库中居前五位的省份分别是山东、河南、贵州、四川和浙江，

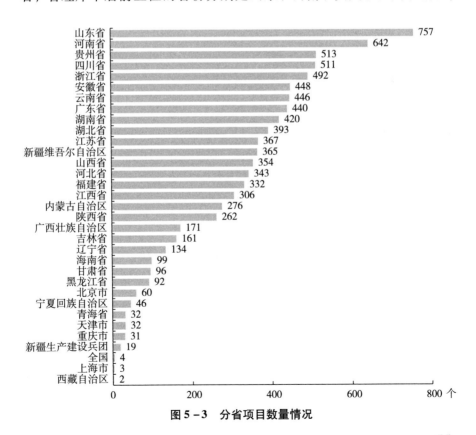

图 5－3　分省项目数量情况

分别为 757 个、642 个、513 个、511 个、492 个，合计占入库项目总数的 33.7%。从累计投资额来看，管理库中居前五位的省份是云南、贵州、浙江、四川和山东，分别为 11127 亿元、10809 亿元、9768 亿元、8445 亿元、8414 亿元，合计占入库项目总投资额的 37.1%。

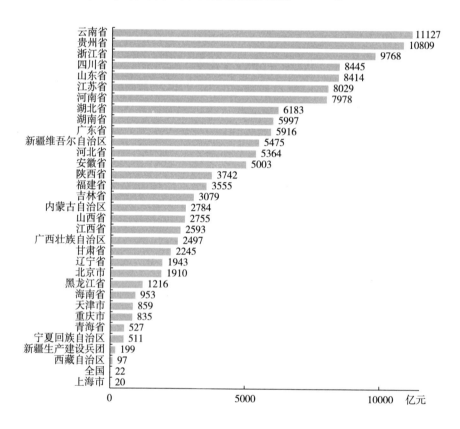

图 5-4 分省项目投资额情况

财政部 PPP 信息平台项目库行业划分以 42 号文为基本依据，将项目划分为 19 个一级行业，图 5-5 和图 5-6 提供了管理库内各行业项目数量和投资额的分布情况，从图中可以看出市政工程是 PPP 项目的主力军，主要包括市政道路、污水处理、垃圾处理等 18 个二级行业。排名前四位的行业占到了项目总数的 69.3%，项目总投资额的 80.2%。

PPP 项目有五种采购方式，如图 5-7 所示，分别是单一来源采购、

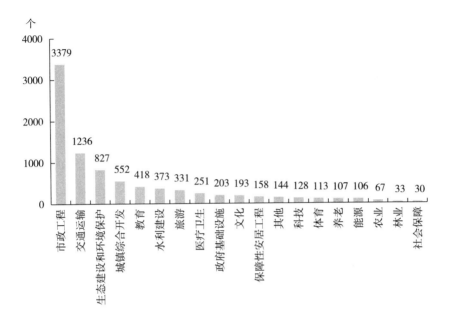

图 5－5　项目数量行业分布情况

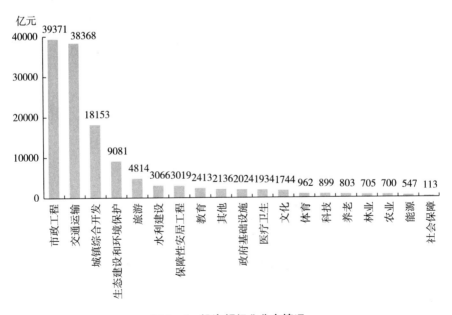

图 5－6　投资额行业分布情况

竞争性磋商、竞争性谈判、公开招标、邀请招标，公开招标是最常用的方式，76.5% 的项目采用公开招标的模式。

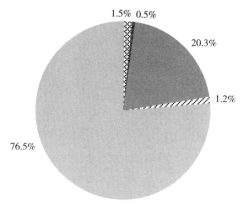

图 5 - 7 PPP 采购方式分布情况

PPP 项目的回报机制包括使用者付费、可行性缺口补助和政府付费这三种方式。项目数量和项目投资额的回报机制分布如图 5 - 8 和图 5 - 9 所示。纯使用者付费占比 7.2%，纯政府付费占比 38.2%，可行性缺口补助 54.6%。研究发现，政府资金参与 PPP 项目付费的比例很高，有 92.8% 的项目存在政府付费或补贴。

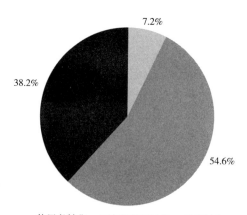

图 5 - 8 项目数量按回报机制分布

58

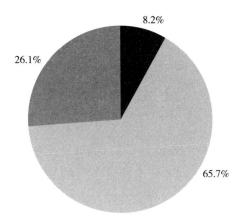

图 5 - 9　项目投资额按回报机制分布

纯使用者付费并不能弥补社会资本的投资成本，可行性缺口补助是当前 PPP 项目的主要回报机制。使用者付费的回报机制更符合 PPP 模式的初衷，但如何设定合理且可调控的价格是使用者付费机制项目的难点。采用政府付费的方式能够避免定价难题，但也会导致过高的财政支出压力，违背采用 PPP 模式是为了缓解地方政府债务压力的初衷。可行性缺口补助既避免了定价机制可能产生的难以吸引社会资本参与 PPP 项目的问题，又避免了地方政府承担全部资金压力的问题，因此可行性缺口补助是更合适的选择。

PPP 项目的示范级别有四级，分别是国家示范级别、省级示范级别、市级示范级别，以及其他；国家示范项目，又分为四个批次，截至 2018 年底，总共有 988 个国家示范项目，涉及 2.15 万亿元投资额。截至 2018 年底，2014 年发布的第一批示范项目有 20 个，涉及 560 亿元总投资额；2015 年发布的第二批示范项目有 158 个，涉及 4549 亿元总投资额；2016 年发布的第三批示范项目有 425 个，涉及 9239 亿元总投资额；2018 年发布的第四批示范项目有 385 个，涉及 7191 亿元总投资额。前三批国家示范项目均已进入执行阶段，第四批国家示范项目 300 个项目处于执行阶段，其余 85 个项目处于采购阶段。

最后，本书计算了 4544 个处于执行阶段的项目从项目发起到项目落地所需要的时间，即项目进行执行阶段的时间减去项目发起时间，用变量落地所需时长表示，以月为时间单位。由于项目数据库 2017 年 4 月公开，在 2017 年 4 月时，已经有部分项目处于执行阶段，这部分项目以项目公司成立时间作为项目进入执行阶段的起点。统计发现，4544 个项目平均落地时长为 15.88 个月，标准差是 9.07，落地最短时间是零，落地最长使用时间是 96 个月（见表 5 - 1）。落地最短时间为零，指 2017 年 4 月已经进入执行阶段的项目中，有部分项目的发起时间和项目公司成立时间一致，因此最终认定其为马上落地。落地时间最长的项目是贵州省兴义市马岭水利枢纽工程 PPP 项目，2010 年 7 月项目发起，2018 年 7 月项目正式签订合同进入执行阶段，历时 96 个月（8 年）。

表 5 - 1 　　　　　　　　管理库项目基本信息描述性统计

变量名称	观测值	均值	标准差	最小值	最大值
总投资额	8649	15.13	36.05	0.0005	898.00
合作期限	8649	19.07	7.29	2.00	52.00
运作方式	8649	3.10	2.40	1.00	9.00
所属行业	8649	8.95	4.62	1.00	19.00
回报机制	8649	2.31	0.60	1.00	3.00
示范级别	8649	3.51	1.04	1.00	4.00
采购方式	8645	1.48	0.88	1.00	5.00
发起年份	8649	2016.27	1.05	2009.00	2018.00
落地所需时长	4544	15.88	9.07	0.00	96.00

5.1.2 股东企业信息

股东企业信息的数据来源于财政部 PPP 综合信息平台和国家企业信用信息公示系统。股东名称、代表方、股权占比数据来源于财政部 PPP 综合信息平台，股东所在地区和股东类型数据来源于国家企业信用信息公示系统。

PPP 项目由政府方和社会资本方共同成立 SPV（特殊目的载体），股东企业既有政府方代表，也有社会资本方代表。相较于世界其他国家，中国的 PPP 模式有一个显著特点，就是社会资本方不仅包括民营和外资企业（含港澳台企业），而且包括国有企业，其中国有企业是 PPP 项目的主要参与方。

股东企业的类型有不同分类。按所有制类型分，本书将股东企业分为四类，国有企业，民营企业，外资企业（包括港澳台企业）和其他，给变量企业类型赋值，如果股东企业是国有企业，则企业类型赋值为 1；如果股东企业是民营企业，则企业类型赋值为 2；如果股东企业是外资企业，则企业类型赋值为 3；其他类型企业赋值为 4。此外，股东企业也可以按上市公司和非上市公司区分。

由于无法从财政部公开网站获得 PPP 股东企业的数据，包括企业类型和企业注册地，作者根据国家企业信用信息公示系统手动整理了企业的注册类型和企业注册地。根据企业的注册类型来判断企业所有制类型和企业是否是上市公司。通过股东注册类型区分出企业是国有企业、民营企业还是外资企业：将企业注册类型中包含"国有控股""国有独资"的企业划为国有企业；将企业注册类型中包含"自然人投资或控股""自然人独资""合伙企业""个体企业"的企业划为民营企业；将企业注册类型中包含"外资""港澳台"的企业划为外资企业；此外根据追溯企业的股东类型来进一步判断企业所有制，如果企业的股东是国有企业独资或控股，则划为国有企业。针对股份制企业，还区分了上市企业和非上市企业两类。

根据上述方法我们对数据进行整理，发现 4860 个落地项目中社会资本所有制信息完善的项目共 3231 个，涉及社会资本方共 5199 家（见图 4 – 1），包括国有企业 2754 家、占比 53.0%，民营企业 2037 家、占比 39.2%，外资企业（包括港澳台企业）325 家、占比 6.2%，另有类型不易辨别的其他 83 家、占比 1.6%。按投资额来算，国有企业占比远超民营和外资企业（见图 4 – 2）。

根据股东企业在市场监督管理局登记的注册地，可以知道股东企业所处的省和市的信息，根据企业所属省和市，构建了省级本地企业和市级本地企业两个虚拟变量。如果股东企业与项目属于同一个地区，则认为股东企业是本地企业，赋值为 1；而如果股东企业与项目不属于同一个地区，则认为股东企业是非本地企业，赋值为 0，可以得出社会资本所在地区代表变量是省级本地企业和市级本地企业，都有 5055 个观测值。

社会资本股权比例和政府股权比例均有 3241 个观测值，社会资本股权占比平均为 86.13%，政府股权占比平均为 13.87%，标准差是 16.22%（见表 5-2），意味着 PPP 项目社会资本方是项目主要的股东和投资人，政府需要社会资本方的效率和资金；此外，不同项目政府给予企业的股权比例差异很大，政府入股项目公司也是为了更好地参与项目，控制项目风险。按不同企业所有制区分控股情况来看，项目以国有企业控股为主，如图 5-10 所示，国有企业控股的项目占 46.3%，国有企业仍然是 PPP 项目最主要的参与人，不足 2% 的项目是由政府控股。

表 5-2　　　　　　　社会资本方企业信息描述性统计

变量名称	观测值	均值	标准差	最小值	最大值
企业类型	5199	1.56	0.68	1.00	4.00
上市公司	1019	0.65	0.48	0.00	1.00
省级本地企业	5055	0.50	0.50	0.00	1.00
市级本地企业	5055	0.26	0.44	0.00	1.00
政府股权比例	3241	13.87	16.22	0.00	100.00
社会资本股权比例	3241	86.13	16.22	0.00	100.00
政府控股	3241	0.02	0.12	0.00	1.00

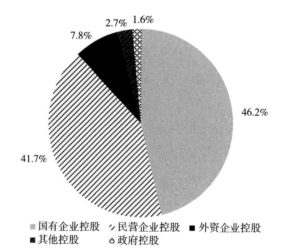

图 5-10　项目控股情况

5.1.3　地区经济和制度数据

地区经济和制度数据主要包括城市信用得分、金融业的市场化、市场中介组织的发育和法律制度环境、地区生产总值增长率、人均地区生产总值、预算赤字率、国有控股企业数量所占比重、外资控股企业数所占比重。

城市信用得分来源于发改委《中国城市商业信用环境指数（CEI）蓝皮书》，反映了中国近 300 个地级以上城市的城市商业信用发展水平，描述了企业的营商环境和政府信用可靠程度，可以看作政府声誉的一个代表指数。城市信用得分均值为 70.07，最小值为 62.85，最大值为 87.09，北京、上海和广州是政府信用排名最高的三个城市，绥化、武威和来宾市是政府信用排名最低的三个城市。

金融业的市场化、市场中介组织的发育和法律制度环境来源于樊纲的《中国分省份市场化指数（2014）》中的市场化指数细分指标，分别代表金融市场的发展程度和市场中介制度化程度，是省级数据。金融业的市场化指数均值为 7.77，最小值为 0.78，最大值为 10.75，说明各省份的金融市场化程度差别很大；同样，市场中介组织的发育和法律制度环境指数均值为 5.81，最小值为 1.33，最大值为 16.19，各个省份差距很大。浙江金融市场化程度和市场中介制度化程度最高，而西藏最低。

本书的各市生产总值数据、预算赤字率、国有控股企业数量所占比重和外资控股企业数所占比重来源于国泰安（CSMAR）数据库。人均地区生产总值，衡量单位是元，是地区生产总值除以年末常住人口得到的。本书将政府预算赤字率定义为：地方财政支出和收入的差值，再除以地方生产总值，再乘以 100 得到的百分比。人均地区生产总值和地区生产总值增长率代表了地方的经济发展水平，预算赤字率代表了政府的财政水平。同时因为政府选择社会资本方的所有制受当地所有制构成的影响，本书还控制了国有企业和外资企业比重。

PPP 项目涉及的 31 个省、300 多个市，2016 年，地区生产总值增长率平均为 6.65%，增长速度最快的省是贵州省，增速为 9.77%，地区生产总值增长最慢的省是辽宁省，增速为 - 2.35%。人均地区生产总值均值为 51651.6 元，最小值为 9901 元，最大值为 215488 元，人均地区生产总值最低的地区是新疆和田地区，人均地区生产总值最高的市是内蒙古鄂尔多斯市。地方政府赤字率水平平均为 13.98%，标准差是 13.50%，最小值是 - 0.73%，最大值是 159.78%（见表 5 - 3），中国地方政府的预算赤字率很高，且各地区赤字率水平差异非常大，赤字率最高的地区是西藏日喀则地区，赤字率最低的地区是苏州市，且苏州市的财政收入大于财政支出。而且人均地区生产总值和赤字率显著负相关，通常经济发展好的地区，相比财政支出的增加，政府可以获得更多的财政收入，由此政府赤字率较低。相反，经济发展差的地区，政府财政收入有限，但需要更多的财政资金进行道路建设等市政工程建设，由此政府赤字率较高。

表 5 - 3　　　　　　　　　　　　**地区经济和制度数据**

变量名称	观测值	均值	标准差	最小值	最大值
城市信用得分	285	70.07	3.99	62.85	87.09
金融业的市场化	355	7.77	1.57	0.78	10.75
市场中介组织的发育和法律制度环境	355	5.81	3.55	1.33	16.19
地区生产总值增长率	356	6.65	2.08	- 2.35	9.77
人均地区生产总值	345	51651.61	30206.89	9901	215488
预算赤字率	310	13.98	13.50	- 0.73	159.78
国有控股企业数量所占比重	356	2.78	1.15	0.93	10.16
外资控股企业数量所占比重	356	0.78	1.01	0.11	7.57

5.2　政府选择社会资本方的企业类型

5.2.1　基本回归方程

为了考察政府会选择什么类型的企业作为社会资本方，即证明地方政府在选择社会资本方时存在所有制偏好，本书利用截至 2018 年底的财政部 PPP 数据进行计量回归分析。

由于社会资本方可以是一个企业，也可以是多个企业构成的联合体，且联合体内各个企业拥有不同的股份，项目最终的控股股东可以看作政府对社会资本方的企业类型的偏好情况，因此在本小节，我们把项目控股情况作为主要的被解释变量，且是多值离散变量。政府控股则控股情况赋值为1，国有企业控股则控股情况赋值为2，民营企业控股则控股情况赋值为3，外资企业控股则控股情况赋值为4。

国有企业、民营企业、外资企业、政府控股这几个二值变量或虚拟变量也可以作为被解释变量，体现政府对社会资本方的所有制偏好。当国有企业赋值为1时，代表社会资本方中有国有企业，否则社会资本方中没有国有企业；当民营企业赋值为1时，代表社会资本方中有民营企业，否则社会资本方中没有民营企业；当外资企业赋值为1时，代表社会资本方中有外资企业，否则社会资本方中没有外资企业，本书将外资企业处理为包括港澳台企业，将通常意义的外资企业和港澳台企业统一到本书的外资企业的范围内；当政府控股赋值为1时，代表PPP项目由政府控股，否则PPP项目由社会资本方控股。

因此，本节所要估计的基本回归方程为

$$控股情况 = \beta_0 + \beta_1 总投资额 + \beta_2 合作期限 + \beta_3 金融业的市场化$$
$$+ \beta_4 法律制度环境 + \beta_5 人均地区生产总值$$
$$+ \beta_6 预算赤字率 + \beta_7 X_i + \varepsilon_i$$

本书的自变量包括三个维度，一是项目基本信息：总投资额和合作期限；二是地区制度变量：城市信用得分、金融业的市场化、市场中介组织的发育和法律制度环境；三是地区经济财政变量：地区生产总值增长率、人均地区生产总值和预算赤字率。分别对总投资额、人均地区生产总值求对数，取对数是为了平滑数据。如无特别说明，后续章节的自变量也是这几个变量，故在后续的章节中不再说明这些自变量。

本小节涉及的关键解释变量是项目总投资额、合作期限、金融业的市场化、市场中介组织的发育和法律制度环境、人均地区生产总值和预算赤字率这六个变量，前两个变量代表项目的基本情况，中间两个变量代表地区市场化程度和地区制度环境，最后两个变量代表地区经济水平和地方政府财政能力。

此外还有一些其他控制变量,包括国有控股企业数量所占比重、外资控股企业数量所占比重,并控制项目发起年份和所属行业这两个固定效应。这些控制变量不是本书想要分析的主要内容,其系数和显著性不重要,而且常数项系数和显著性也不重要,故在后面的回归结果表格中均不显示这些控制变量和常数项。

5.2.2 回归结果

表 5 - 4 (1) 列以虚拟变量政府控股为被解释变量进行的 Logit 回归,分析影响 PPP 项目由政府控股还是由社会资本控股(即非政府控股)的因素。(2) ~ (4) 列是以控股情况(以政府控股作为参照组)进行的多值选择模型的 Mlogit 回归,(2) ~ (4) 列分别表示相比政府控股,国有企业控股、民营企业控股、外资企业控股的回归情况,分析相比政府控股,哪些因素和变量影响不同所有制企业控股 PPP 项目。此外,(1) ~ (4) 列都包含了所有控制变量、年份固定效应和行业固定效应。表 5 - 4 的被解释变量都以政府控股为参照组,因此将这些被解释变量放在一起进行对比分析。由于 Logit 模型的回归结果和 Probit 模型的回归结果、Mlogit 模型的回归结果和 Mprobit 模型的回归结果的系数符号、显著性和显著性水平、可比较的系数相对大小这些重要的回归结果都一致,本书只展示了 Logit 回归结果和 Mlogit 回归结果。

首先考虑影响 PPP 项目是否由政府控股的因素,即表 5 - 4 (1) 列的回归结果。回归结果表明,项目合作期限、金融业的市场化、市场中介组织的发育和法律制度环境、人均地区生产总值和预算赤字率影响 PPP 项目在政府控股和社会资本控股之间的选择,而总投资额并不影响政府是否控股 PPP 项目。回归结果显示,PPP 项目合作期限越长,项目越可能由政府控股,即项目越不可能由社会资本控股,显著性水平为 10%;如果地区的金融业的市场化程度越高,项目越可能由政府控股,显著性水平为 5%;地区的制度环境越好,项目越可能由社会资本方控股,显著性水平为 1%;人均地区生产总值越高的地区,项目越可能由社会资本控股，显著性水平为5%；地方政府预算赤字率越高，项目越可能由社会资本控股，显著性水平为5%。

然后分析以政府控股为参照组，影响不同所有制的社会资本控股PPP项目的因素，即表5-4（2）~（4）列的回归结果。回归结果显示，以政府控股为参照组，项目总投资额不影响国有企业控股，但影响民营企业控股和外资企业控股，项目总投资额越大，民营企业和外资企业越不可能控股项目，显著性分别是5%和10%；PPP项目合作期限越长，国有企业和民营企业越不可能控股项目，显著性都是5%，而外资企业更可能控股项目，显著性为10%；如果地区的金融业的市场化程度越高，国有企业、民营企业和外资企业越不可能控股项目，显著性分别是5%、10%和1%；地区的制度环境越好，国有企业、民营企业和外资企业越可能控股项目，显著性都是1%；人均地区生产总值影响国有企业控股和民营企业控股，但不影响外资企业控股，人均地区生产总值越高的地区，国有企业、民营企业越可能控股项目，显著性分别是5%和10%；地方政府预算赤字率越高，国有企业、民营企业和外资企业越可能控股项目，显著性分别是5%、1%和10%。

对比表5-4（2）~（4）列回归结果的显著性情况以及各列回归系数的相对大小，我们可以发现，相比政府控股，项目控股情况在不同所有制企业的社会资本方下存在一个偏好排序：（1）项目总投资额越大，各类所有制控股偏好的排序由高到低分别是国有企业控股、外资企业控股、民营企业控股。（2）项目合作期限越长，各类所有制控股偏好的排序由高到低分别是外资企业控股、国有企业控股、民营企业控股。（3）地区金融业的市场化程度越高，各类所有制控股偏好的排序由高到低分别是民营企业控股、国有企业控股、外资企业控股。（4）地区的制度环境越好，各类所有制控股偏好的排序由高到低分别是外资企业控股、民营企业控股、国有企业控股。（5）人均地区生产总值越高，各类所有制控股偏好的排序由高到低分别是国有企业控股、民营企业控股、外资企业控股。（6）地方政府预算赤字率越高，各类所有制控股偏好的排序由高到低分别是民营企业控股、国有企业控股、外资企业控股。

表 5 - 4 影响政府控股和社会资本控股的因素分析

自变量	（1）政府控股	（2）控股情况	（3）控股情况	（4）控股情况
总投资额	0.035 （-0.35）	0.155 （-1.5）	-0.231 ** （-2.21）	-0.190 * （-1.70）
合作期限	0.034 * （-1.72）	-0.042 ** （-2.06）	-0.045 ** （-2.20）	0.036 * （-1.66）
城市信用得分	0.059 （-0.84）	-0.081 （-1.13）	-0.04 （-0.56）	-0.042 （-0.56）
金融业的市场化	0.588 ** （-2.18）	-0.588 ** （-2.17）	-0.500 * （-1.84）	-0.850 *** （-3.06）
市场中介组织的发育和法律制度环境	-0.224 *** （-3.08）	0.214 *** （-2.88）	0.231 *** （-3.09）	0.258 *** （-3.26）
地区生产总值增长率	0.117 （-1.21）	-0.086 （-0.87）	-0.135 （-1.39）	-0.173 （-1.59）
人均地区生产总值	-1.072 ** （-2.03）	1.200 ** （-2.26）	0.970 * （-1.82）	0.826 （-1.49）
预算赤字率	-0.156 ** （-2.45）	0.153 ** （-2.35）	0.168 *** （-2.58）	0.124 * （-1.86）
观测值	2766	2766	2766	2766
Pseudo. R - Square	0.123	0.077	0.077	0.077

注：（1）小括号内为 t 值。（2）* 表示显著性水平为 10%，** 表示显著性水平为 5%，*** 表示显著性水平为 1%。（3）控制变量包括国有控股企业数量所占比重、外资控股企业数量所占比重，并控制项目发起年份和所属行业这两个固定效应。（4）常数项系数和显著性不重要，故回归结果不显示常数项。

PPP 参与方包括政府和社会资本方，社会资本方又包括不同所有制的企业，因此在计量分析时，涉及两个维度的回归分析，一是政府和社会资本方之间，二是不同所有制社会资本方之间。分析影响政府参与和控股、产权比例的因素，主要是在政府和社会资本方之间的维度上进行回归分析。分析影响不同所有制企业参与和控股、产权比例的因素，主要是在不同所有制社会资本方之间的维度上进行回归分析。在不同维度上，Logit 或 Mlogti 回归参照点不同。

表5-4 的回归结果均以政府控股为参照组，分析相比较于政府控股，影响其他非政府控股类型（即社会资本控股，包括国有企业控股、民营企业控股和外资企业控股三种情况）的因素。表5-4 只分析了不同社会资本控股与政府控股的差异，而表5-5 是以社会资本控股为基础，分析不同社会资本控股情况差异的多值选择模型 Mlogit，列出了更全面的社会资本控股情况对比分析结果。（1）列是以国有企业控股为参照组，民营企业控股和国有企业控股之间的比较分析回归结果，（2）列是以国有企业控股为参照组，外资企业控股和国有企业控股之间的比较分析回归结果，（3）列是以民营企业控股为参照组，外资企业控股和民营企业控股之间的比较分析回归结果。此外，（1）~（3）列都包含了所有控制变量、年份固定效应和行业固定效应。

首先，分析影响政府选择国有企业控股项目还是民营企业控股项目的因素。表5-5（1）列回归结果表明，项目总投资额、金融业的市场化程度、人均地区生产总值和地方政府预算赤字率影响政府在国有企业控股项目和民营企业控股项目之间的选择，但项目合作期限和地区制度环境不影响政府选择。具体结果是，PPP 项目所需要的总投资额越大，政府越倾向于选择国有企业控股，显著性水平为1%；地区的金融业市场化程度越高，民营企业越容易被选中控股项目，显著性水平为10%；人均地区生产总值越高的地区，国有企业参与且控股 PPP 项目的比例越高，显著性水平为5%；地方政府财政情况越差，政府会越倾向于选择民营企业控股项目，显著性水平为10%；此外，代表地方政府信用的城市信用越高，民营企业越可能控股 PPP 项目。

其次，分析影响政府选择国有企业控股项目还是外资企业控股项目的因素。表5-5（2）列回归结果表明，项目总投资额、合作期限、金融业的市场化程度、人均地区生产总值和地方政府预算赤字率会影响政府在国有企业控股项目和外资企业控股项目之间的选择，但地区制度环境仍然不影响政府在这两者之间的选择。具体结果是，PPP 项目所需要的总投资额越大，政府越倾向于选择国有企业，显著性水平为 1%；项目合作时间越长，外资企业越可能控股项目，显著性水平为 1%；地区的金融业市场化程度越高，国有企业越容易被选中控股项目，显著性水平为 1%；人均地区生产总值越高的地区，国有企业参与且控股 PPP 项目的比例越高，显著性水平为 10%；地方政府财政情况越差，政府会越倾向于选择国有企业控股项目，显著性水平为 10%。

再次，分析影响政府选择民营企业控股项目还是外资企业控股项目的因素。表 5–5（2）列回归结果表明，合作期限、金融业的市场化程度和地方政府预算赤字率会影响政府在国有企业控股项目和外资企业控股项目之间的选择，但项目总投资额、地区制度环境和人均地区生产总值不影响政府在这两者之间的选择。具体结果是，项目合作时间越长，外资企业越可能控股项目，显著性水平为 1%；地区的金融业市场化程度越高，民营企业越容易被选中控股项目，显著性水平为 1%；地方政府财政情况越差，政府会越倾向于选择民营企业控股项目，显著性水平为 1%。

最后，综合表 5–5（1）～（3）列回归结果，在社会资本控股项目时，判断政府在三种所有制企业控股之间的偏好。研究发现，PPP 项目所需的总投资额越大，政府会倾向于选择国有企业控股项目；项目合作时间越长，政府越会倾向于选择外资企业控股项目；地区金融市场化程度越高，本国企业越可能控股项目，且民营企业控股项目的可能性大于国有企业，即随着地区金融市场越发达、越市场化，三种所有制控股情况存在一个全面的排序，从高到低偏好排序分别是民营企业控股、国有企业控股、外资企业控股；地区市场中介组织的发育和法律制度环境并不影响政府在三种所有制之间的选择；地区经济情况越好，民营企业和外资企业越可能控股项目；地方政府财政情况越好，外资企业越有动力参与控股 PPP 项目，随着地方财政情况变好，三种所有制控股情况存在一个全面的排序，从高到低偏好排序分别是外资企业控股、国有企业控股、民营企业控股。

表 5 – 5　　　　　　　　不同所有制社会资本控股情况比较

自变量	(1) 控股情况	(2) 控股情况	(3) 控股情况
总投资额	– 0. 386 *** (– 10. 41)	– 0. 345 *** (– 6. 28)	0. 041 (– 0. 73)
合作期限	– 0. 003 (– 0. 54)	0. 077 *** (– 7. 92)	0. 080 *** (– 8. 15)
城市信用得分	0. 040 ** (– 2. 41)	0. 039 (– 1. 41)	– 0. 002 (– 0. 07)
金融业的市场化	0. 088 * (– 1. 67)	– 0. 263 *** (– 3. 17)	– 0. 351 *** (– 4. 18)
市场中介组织的发育和法律制度 环境	0. 017 (– 0. 9)	0. 044 (– 1. 39)	0. 027 (– 0. 85)
地区生产总值增长率	– 0. 049 (– 1. 57)	– 0. 087 (– 1. 58)	– 0. 038 (– 0. 70)
人均地区生产总值	– 0. 230 ** (– 2. 05)	– 0. 374 * (– 1. 88)	– 0. 144 (– 0. 73)
预算赤字率	0. 015 * (– 1. 71)	– 0. 030 * (– 1. 89)	– 0. 045 *** (– 2. 84)
观测值	2766	2766	2766
Pseudo. R – Square	0. 077	0. 077	0. 077

注:(1) 小括号内为 t 值。(2) * 表示显著性水平为 10% , ** 表示显著性水平为 5% ,
*** 表示显著性水平为 1%。(3) 控制变量包括国有控股企业数量所占比重、外资控股企业数量
所占比重,并控制项目发起年份和所属行业这两个固定效应。(4) 常数项系数和显著性不重要,
故回归结果不显示常数项。

　　表 5 – 4 和表 5 – 5 分析了影响政府控股和不同所有制社会资本控股
情况的因素,重点在于分析控股情况。而表 5 – 6 分析不同所有制的企
业会参与哪种类型的 PPP 项目,或者说政府在什么情况下选择国有企
业,什么情况下更可能选择民营企业,又在什么情况下更可能选择外资
企业加入 PPP 项目中。不要求企业控股项目,即使企业不控股项目,企
业也可以作为一个社会资本方参与到项目之中。表 5 – 6(1) ~ (3)
列分别以虚拟变量国有企业、民营企业、外资企业为被解释变量进行

Logit 回归，分析影响政府选择不同所有制的社会资本方参与 PPP 项目的因素。此外，（1）~（3）列都包含了所有控制变量、年份固定效应和行业固定效应。

回归结果显示，（1）项目总投资额、合作期限、城市信用情况、地区制度环境和经济发展水平都会显著影响国有企业参与 PPP 项目。国有企业通常参与所需投资金额大、项目时间较短的项目，表明项目所需投资金额往往限制了民营企业和外资企业参与 PPP 项目，国有企业有更强的资金能力参与到大型 PPP 项目中，那么政府通过 PPP 引入民营企业来降低政府负担的作用可能有限；地区营商环境较差和制度环境较差，国有企业会成为主要的社会资本方，表明民营企业和外资企业很看重地区营商环境和制度环境，良好的制度才能给予非国有企业更多的保障，也是吸引非国有企业参与 PPP 项目的有利因素；地区经济水平越高、经济发展越快，国有企业越会参与 PPP 项目。（2）民营企业参与的项目通常所需投资金额较低，且地区营商环境良好，有助于吸引民营企业参与 PPP 项目，这证明了假说 1；金融业市场化程度越高，越有助于拓宽民营企业融资渠道，融资多样化和市场化降低了民营企业的融资成本，使民营企业更有动力参与 PPP 项目，同时降低了外资企业参与 PPP 项目的可能性，这证明了假说 2；地区经济水平越低、地方政府财政状况越差，参与项目的民营企业更多，这可能是因为地方政府有更迫切的降低财政压力、减轻债务负担的目标，从而需要吸引非国有企业参与 PPP 项目，而外资企业更担心风险，在地方政府经济和财政状况差时，外资企业参与 PPP 项目的动力不强，所以更多的民营企业进入了这样的地区和项目。（3）项目总投资额、合作限期、金融业的市场化程度和地方政府财政能力会显著影响外资企业参与 PPP 项目。外资企业常会参与投资金额小、合作期限较长的项目，且地方政府的财政状况良好，表明外资企业比国有企业和民营企业更担心项目风险；金融业的市场化程度高，民营企业融资成本降低后，政府更有动力选择民营企业，从而降低了外资企业参与 PPP 项目的可能性，一方面是由于民营企业的融资成本降低了，民营企业拥有了资金优势，另一方面在于民营企业比外资企业更了解本国情况，拥有更多的信息优势来获得项目，且政府也更倾向于选择比外资企业拥有更多资金优势、信息优势且易于监管的民营企业作为合作者。外资企业没有竞争优势的另一个原因可能在于，PPP 项目本身带有公益性或准公益性的特点且项目合作期限平均长达近 20 年，公益性和准公益性的项目涉及中国的民生问题和社会稳定问题，本国企业比外资企业更关注本国人民的福利，政府出于长远的政治考虑会优先选择本国企业。（4）国有企业有能力承担大型 PPP 项目，说明国有企业有更强的资金优势；国有企业在地区营商环境较差和制度环境较差时，仍能承担提供公共产品和服务的责任，说明国有企业有政治优势来保证 PPP 项目的有效进行；在经济和财政状况良好的地区，国有企业参与度高，源于这些地区的项目通常是优质项目，国有企业拥有信息优势来得到这样的项目。国有企业的资金优势、政治优势、信息优势共同作用，这些都是国有企业仍是 PPP 项目主要参与方的重要原因。

表 5 - 6　　　　　　　不同所有制企业参与 PPP 项目情况

自变量	（1） 国有企业	（2） 民营企业	（3） 外资企业
总投资额	0.522 *** （13.61）	- 0.220 *** （- 6.78）	- 0.119 ** （- 2.52）
合作期限	- 0.018 *** （- 2.98）	- 0.009 （- 1.57）	0.069 *** （8.05）
城市信用得分	- 0.051 *** （- 3.10）	0.032 ** （2.03）	0.023 （0.97）
金融业的市场化	- 0.081 （- 1.57）	0.160 *** （3.28）	- 0.258 *** （- 3.55）
市场中介组织的发育和法律制度环境	- 0.032 * （- 1.71）	0.013 （0.76）	0.043 （1.61）
地区生产总值增长率	0.106 *** （3.40）	- 0.043 （- 1.40）	0.002 （0.03）
人均地区生产总值	0.298 *** （2.73）	- 0.232 ** （- 2.19）	- 0.163 （- 0.96）

自变量	（1） 国有企业	（2） 民营企业	（3） 外资企业
预算赤字率	− 0.004 （− 0.55）	0.016* （1.88）	− 0.032** （− 2.39）
观测值	2764	2764	2764
Pseudo. R – Square	0.101	0.037	0.073

注：（1）小括号内为 t 值。（2）* 表示显著性水平为 10%，** 表示显著性水平为 5%，*** 表示显著性水平为 1%。（3）控制变量包括国有控股企业数量所占比重、外资控股企业数量所占比重，并控制项目发起年份和所属行业这两个固定效应。（4）常数项系数和显著性不重要，故回归结果不显示常数项。

5.3 政府在本地企业与外地企业之间的权衡

5.3.1 基本回归方程

除了企业的所有制会影响政府对社会资本的选择，企业的地域特征也会影响政府的选择，本小节分析政府在本地企业与外地企业之间的权衡，分别从市级层面和省级层面两个维度进行。组成 PPP 项目公司的各个企业称为股东企业，股东企业既包括政府方又包括社会资本方，但本书主要分析政府对社会资本方的选择，而不涉及作为政府方的股东，故本书的股东企业指的是属于社会资本方的股东企业。本节所要估计的基本回归方程为

$$本地企业 = \beta_0 + \beta_1 人均地区生产总值 + \beta_2 预算赤字率$$
$$+ \beta_3 城市信用得分 + \beta_4 金融业的市场化$$
$$+ \beta_5 法律制度环境 + \beta_6 X_i + \varepsilon_i$$

如果股东企业在市场监督管理局的注册所在地与 PPP 项目属于同一个市级地区，则认为股东企业是市级本地企业，如果社会资本方中存在市级本地企业，将市级本地企业赋值为 1；而如果股东企业在市场监督管理局的注册所与 PPP 项目属于不同的市级地区，则认为股东企业不是市级本地企业，如果社会资本方中不存在市级本地企业，将市级本地企业

赋值为 0。同理来赋值省级本地企业。本节以市场本地企业和省级本地企业这两个虚拟变量作为被解释变量进行 Logit 回归。

本小节涉及的关键解释变量是人均地区生产总值、预算赤字率、城市信用得分、金融业的市场化、市场中介组织的发育和法律制度环境这五个变量，前两个变量代表地区经济水平和地方政府财政能力，后三个变量代表地区营商环境、市场化程度和地区制度环境。

5.3.2　回归结果

表 5 - 7 以市级本地企业为被解释变量进行 Logit 回归，从市级层面分析影响政府选择市级本地企业的因素。（1）～（5）列是分别将人均地区生产总值、预算赤字率、城市信用得分、金融业的市场化、市场中介组织的发育和法律制度环境这五个变量作为关键解释变量的回归结果；（6）列包含了所有的关键解释变量；此外，（1）～（6）列都包含了年份固定效应和行业固定效应。

从市级层面看，表 5 - 7 的回归结果表明：

（1）人均地区生产总值、城市信用得分、金融业的市场化程度、地区制度环境都对政府选择本地企业有显著影响，而地方政府预算赤字率不显著。人均地区生产总值越高、城市信用越好，政府越可能选择本地企业作为社会资本方合作，显著性水平为 1%，因为这类地区的项目越可能是优质项目，本地企业拥有信息优势，进而可以得到优质项目，所以在经济水平高、政府信用良好和营商环境良好的城市，参与 PPP 项目的更多是在本市注册的企业。金融业市场化程度越高，本地企业参与 PPP 项目也会越多，显著性水平是 5%，金融业市场化程度越高，表明当地融资多样化和融资成本较低，本地企业更能受惠，进而增加了本地企业参与 PPP 项目的优势和积极性。良好的制度环境能更好地保障企业的利益，降低企业参与 PPP 项目的风险，故地区制度环境越好，越能吸引外地企业，显著性水平是 5%。

（2）地方政府预算赤字率不影响政府对本地企业的选择。这个结果说明，地方政府的债务不是政府考虑选择本地企业或非本地企业的主要因素，地方政府更看重的可能是通过信息获取来构建和稳固社会关系，例如作为本地企业的社会资本拥有更强的获得关于项目信息的能力，从而更有竞争力，地方政府也更乐于与本地企业构建合作关系。因此，在市级层面，对社会资本来说，重要的资源不是资金，而是信息。

表 5－7　　　　　　　　　　市级本地企业回归结果

自变量	(1) 市级本地 企业	(2) 市级本地 企业	(3) 市级本地 企业	(4) 市级本地 企业	(5) 市级本地 企业	(6) 市级本地 企业
人均地区生产总值	0.812 *** (10.90)					0.544 *** (4.73)
预算赤字率		－0.064 *** (－7.43)				－0.008 (－0.71)
城市信用得分			0.119 *** (9.11)			0.062 *** (3.45)
金融业的市场化				0.237 *** (4.52)		0.123 ** (2.27)
市场中介组织的发育和 法律制度环境					0.024 (1.48)	－0.043 ** (－2.34)
总投资额	－0.127 *** (－3.52)	－0.116 *** (－3.19)	－0.126 *** (－3.47)	－0.082 ** (－2.39)	－0.090 *** (－2.65)	－0.137 *** (－3.74)
合作期限	－0.006 (－1.02)	－0.009 (－1.49)	－0.006 (－1.04)	－0.009 (－1.54)	－0.008 (－1.50)	－0.007 (－1.06)
地区生产总值增长率	0.002 (0.08)	－0.001 (－0.05)	－0.016 (－0.56)	0.010 (0.32)	－0.042 (－1.49)	0.026 (0.84)
观测值	2835	2835	2831	3194	3194	2831
Pseudo. R－Square	0.072	0.064	0.060	0.042	0.037	0.079

注：（1）小括号内为 t 值。（2）＊表示显著性水平为 10%，＊＊表示显著性水平为 5%，＊＊＊表示显著性水平为 1%。（3）控制变量包括国有控股企业数量所占比重、外资控股企业数量所占比重，并控制项目发起年份和所属行业这两个固定效应。（4）常数项系数和显著性不重要，故回归结果不显示常数项。

表5-8以省级本地企业为被解释变量进行 Logit 回归，从省级层面分析影响政府选择市级本地企业的因素。（1）～（5）列是分别将人均地区生产总值、预算赤字率、城市信用得分、金融业的市场化、市场中介组织的发育和法律制度环境这五个变量作为关键解释变量的回归结果；（6）列包含了所有的关键解释变量；此外，（1）～（6）列都包含了年份固定效应和行业固定效应。

从省级层面看，表5-8的回归结果表明：

（1）只有地区制度环境影响地方政府对本地企业和非本地企业的选择。与市场层面回归结果相反，地区制度环境越好，地方政府越可能选择本地企业。一方面，良好的制度环境能更好地保障企业的利益，降低企业参与 PPP 项目的风险，故地区制度环境越好，越能吸引更多企业；另一方面，从省级层面看，本地企业足够满足省内各个城市的投资需要。在制度环境良好、企业供给足够的情况下，拥有信息优势的本地企业更能获得项目。

（2）对比省级和市级本地企业的回归结果，发现地方政府在选择社会资本时，在省级层面，不仅认为软信息重要，同时也注重从整省的角度来解决省的资金问题。在省级层面考虑时，政府同时偏爱本地企业和非本地企业，即企业所属地区差异影响较小。相较市级层面回归结果而言，地方政府在省级层面更注重解决资金问题，在市级层面更注重软信息和维持社会关系。

表5-8　　　　　　　　　　　　省级本地企业回归结果

自变量	(1)省级本地企业	(2)省级本地企业	(3)省级本地企业	(4)省级本地企业	(5)省级本地企业	(6)省级本地企业
人均地区生产总值	0.028 (0.42)					−0.045 (−0.45)
预算赤字率		−0.003 (−0.53)				−0.000 (−0.06)
城市信用得分			0.015 (1.27)			0.013 (0.85)

续表

自变量	（1）省级本地企业	（2）省级本地企业	（3）省级本地企业	（4）省级本地企业	（5）省级本地企业	（6）省级本地企业
金融业的市场化				0.073		0.056
				(1.63)		(1.17)
市场中介组织的发育和法律制度环境					0.042 ***	0.040 **
					(2.67)	(2.29)
总投资额	− 0.217 ***	− 0.217 ***	− 0.221 ***	− 0.217 ***	− 0.223 ***	− 0.222 ***
	（ − 6.50）	（ − 6.52）	（ − 6.55）	（ − 6.91）	（ − 7.08）	（ − 6.60）
合作期限	− 0.006	− 0.006	− 0.006	− 0.005	− 0.004	− 0.005
	（ − 1.11）	（ − 1.12）	（ − 1.06）	（ − 0.94）	（ − 0.74）	（ − 0.93）
地区生产总值增长率	0.029	0.029	0.028	0.043	0.026	0.033
	(0.97)	(0.97)	(0.91)	(1.36)	(0.87)	(1.03)
观测值	2835	2835	2831	3194	3194	2831
Pseudo. R − Square	0.038	0.038	0.038	0.040	0.041	0.040

注：（1）小括号内为 t 值。（2）＊表示显著性水平为 10%，＊＊表示显著性水平为 5%，＊＊＊表示显著性水平为 1%。（3）控制变量包括国有控股企业数量所占比重、外资控股企业数量所占比重，并控制项目发起年份和所属行业这两个固定效应。（4）常数项系数和显著性不重要，故回归结果不显示常数项。

5.4 上市企业回归

5.4.1 基本回归方程

上节分析了地方政府在本地企业和外地企业之间的权衡，本小节分析地方政府在上市公司和非上市公司之间的权衡。至此，本书分析了作为社会资本方的企业的三个性质：（1）所有制：国有企业、民营企业、外资企业。（2）所属地：本地企业、外地企业。（3）上市与否：上市公司、非上市公司。

本节所要估计的基本回归方程为

$$上市公司 = \beta_0 + \beta_1 人均地区生产总值 + \beta_2 预算赤字率 + \beta_3 城市信用得分$$

$$+ \beta_4 金融业的市场化 + \beta_5 法律制度环境 + \beta_6 X_i + \varepsilon_i$$

针对股份制企业，本节还区分了上市企业和非上市企业两类。如果社会资本方包括上市公司，则虚拟变量上市赋值为 1；如果社会资本方不包括上市公司，则虚拟变量上市赋值为 0。本节以虚拟变量上市作为被解释变量进行 Logit 回归，研究企业是否是上市企业对企业参与 PPP 项目的影响，观察上市企业有没有项目竞争优势。

本小节涉及的关键解释变量是人均地区生产总值、预算赤字率、城市信用得分、金融业的市场化、市场中介组织的发育和法律制度环境这五个变量，前两个变量代表地区经济水平和地方政府财政能力，后三个变量代表地区营商环境、市场化程度和地区制度环境。

5.4.2 回归结果

表 5-9 是以上市为被解释变量进行 Logit 回归的结果，分析影响政府选择上市公司或非上市公司的因素。(1) ～ (5) 列是分别将人均地区生产总值、预算赤字率、城市信用得分、金融业的市场化、市场中介组织的发育和法律制度环境这五个变量作为关键解释变量的回归结果；(6) 列包含了所有的关键解释变量；此外，(1) ～ (6) 列都包含了年份固定效应和行业固定效应。回归结果表明：

(1) 人均地区生产总值和城市信用不影响上市公司是否可以作为社会资本方，因为上市公司并不具备获得优质项目的信息优势，所以在经济水平高和政府信用好的地区，上市公司没有显著的竞争优势；金融业的市场化程度并不影响上市公司是否被选择，因为国有企业作为主要的社会资本方本身拥有融资成本低的资金优势，且大多数国有企业不是上市公司，所以金融业市场化程度并不能为上市公司或非上市公司带来融资优势。

(2) 地方政府预算赤字率越高，上市公司越容易被政府选择成为社会资本方，显著性水平为 10%；地区制度环境越好，上市公司也越可能作为社会资本方参与 PPP 项目，显著性水平为 1%。上市公司有两方面竞争优势：一方面是资金优势，上市公司更容易从市场中筹集到资金，且其融资成本较低；另一方面是信息优势，虽然上市公司不具有获得优质项目的信息优势，但上市公司的信息更加公开化、透明化，政府选择上市公司可以获得企业更多的信息，使政府容易监督上市公司的行为，减少信息不对称产生的风险和溢价。在这种意义上，上市公司也拥有信息优势。相对来说，上市公司的资金优势和信息使其在地方财政负担重、地区制度环境好的地区，更容易被选为社会资本方。此外，项目所需的总投资额越高、项目合作期限越长，上市公司也越容易被选择，显著性水平均为 1%。

表 5 – 9　　　　　　　　　　　上市企业回归结果

自变量	(1) 上市	(2) 上市	(3) 上市	(4) 上市	(5) 上市	(6) 上市
人均地区生产总值	−0.072 (−0.88)					0.024 (0.19)
预算赤字率		0.012 ** (2.10)				0.015 * (1.74)
城市信用得分			0.004 (0.27)			0.007 (0.35)
金融业的市场化				−0.120 ** (−2.16)		−0.054 (−0.91)
市场中介组织的发育和法律制度环境					0.054 *** (2.82)	0.069 *** (3.21)
总投资额	0.159 *** (3.94)	0.164 *** (4.10)	0.149 *** (3.67)	0.146 *** (3.86)	0.143 *** (3.77)	0.147 *** (3.62)
合作期限	0.020 *** (2.99)	0.020 *** (3.02)	0.021 *** (3.06)	0.021 *** (3.28)	0.022 *** (3.46)	0.022 *** (3.24)
人均地区生产总值增长率	−0.010 (−0.30)	−0.011 (−0.34)	−0.008 (−0.24)	−0.017 (−0.50)	0.012 (0.33)	−0.030 (−0.89)
观测值	2835	2835	2831	3194	3194	2831
Pseudo. R – Square	0.060	0.061	0.059	0.062	0.063	0.065

注：（1）小括号内为 t 值。（2）* 表示显著性水平为 10%，** 表示显著性水平为 5%，*** 表示显著性水平为 1%。（3）控制变量包括国有控股企业数量所占比重、外资控股企业数量所占比重，并控制项目发起年份和所属行业这两个固定效应。（4）常数项系数和显著性不重要，故回归结果不显示常数项。

5.5 项目落地速度分析

5.5.1 基本回归方程

PPP 项目落地速度在一定程度上反映了项目交易效率。本节分析影响 PPP 项目落地速度的因素，即分析影响项目交易效率的因素。项目落地时间短，代表了项目运行难度较低、项目前期准备更充分、政府和社会资本更重视项目，在一定程度上表明后续项目运行更可能有效。项目落地速度是评价项目效率的一个可度量的指标，也是值得关心的问题。因此本节以落地所需时长为被解释变量作 OLS 回归。本节所要估计的基本回归方程为

$$\text{落地所需时长} = \beta_0 + \beta_1 \text{控股情况} + \beta_2 \text{市级本地企业} + \beta_3 X_i + \varepsilon_i$$

本小节的关键被解释变量是控股情况和市级本地企业。控股情况为离散变量，政府控股则控股情况赋值为 1，国有企业控股则控股情况赋值为 2，民营企业控股则控股情况赋值为 3，外资企业控股则控股情况赋值为 4；市级本地企业为二值虚拟变量，如果社会资本方中存在市级本地企业，则将市级本地企业赋值为 1，否则将其赋值为 0。其他控制变量和固定变量与前面几个小节的内容一致。

5.5.2 回归结果

表 5 - 10 以落地所需时长作为被解释变量作 OLS 回归，分析影响 PPP 项目落地的因素，主要呈现了不同所有制的企业控股和是否存在市级本地企业与项目落地时间的关系。（1）列是将控股情况作为关键解释变量的回归结果，控股情况以政府控股为参照组；（2）列是将市级本地企业作为关键解释变量的回归结果；（3）列包含了所有的关键解释变量；此外，（1）～（3）列都包含了所有控制变量、年份固定效应和行业固定效应。

首先考虑不同所有制的企业控股情况对项目落地所需时长的影响。表 5 - 10（1）列和（3）列的回归结果显示，项目落地速度与控股企业所有制显著相关，显著性水平均为 5%，且政府控股比社会资本控股更能

促使项目快速落地，政府控股代表了政府对项目的重视，因此在这种情况下政府有动力加快项目落地速度，也表明了政府存在项目控制情况歧视。相较于项目由政府控股，国有企业控股会将项目落地时间显著延长7.2个月，民营企业控股会将项目落地时间显著延长7.4个月，外资企业控股会将项目落地时间显著延长6.4个月，表明当社会资本控股时，外资企业控股能明显加快落地速度，民营企业控股的落地速度最慢。因此，在不同所有制控股的情况下，项目落地速度从快到慢分别为政府控股、外资企业控股、国有企业控股、民营企业控股。虽然民营企业控股的项目落地速度最慢，但并不代表民营企业效率低，相反通常民营企业效率被认为是高于国有企业的。然而民营企业既没有国有企业更亲近政府，也没有外资企业可以获得政策倾斜，因此拥有政府政策倾斜和本身运行高效率的外资企业比民营企业，甚至比国有企业更能加速项目落地，且会参与合作期限较长的项目。

然后考虑社会资本方中存在市级本地企业对项目落地所需时长的影响。表5-10（2）列和（3）列的回归结果显示，项目落地速度与是否存在市级本地企业显著相关，显著性水平均为1%，且社会资本方中存在市级本地企业可以加快项目落地，缩短项目落地时间1.2个月，体现了本地企业比外地企业更具有优势，主要体现在信息优势。本地企业比外地企业更了解地方政府的情况，双方之前的信息不对称性程度更低，有助于推进项目有效和快速运行。

最后考虑影响项目落地速度的其他因素。回归发现，项目落地速度与项目投资额、项目合作期限、当地经济发展水平、政府财政能力无关；项目落地速度与城市信用水平和金融业的市场化程度显著相关，显著性水平均为1%。城市信用得分较高，代表地方政府信用良好，市场营商环境更公平，良好的政府信用和公平的营商环境有助于加快项目落地速度。地区金融业市场化程度较高，代表金融市场更有效化和市场化，降低了企业的融资成本，进而吸引更多企业参与PPP项目，故金融市场的有效发展和市场化可以降低项目前期准备时间和成本，有助于促进项目融资，使项目成功进入执行阶段。

表 5 – 10   影响项目落地速度的因素

自变量	（1） 落地所需时长	（2） 落地所需时长	（3） 落地所需时长
控股情况 1	5. 063 *** （3. 66）		7. 248 ** （2. 48）
控股情况 2	5. 198 *** （3. 75）		7. 405 ** （2. 53）
控股情况 3	4. 498 *** （3. 04）		6. 424 ** （2. 16）
市级本地企业		− 1. 148 *** （ − 3. 11）	− 1. 244 *** （ − 3. 31）
总投资额	0. 058 （0. 39）	0. 036 （0. 25）	0. 018 （0. 12）
合作期限	0. 036 （1. 41）	0. 030 （1. 19）	0. 037 （1. 46）
城市信用得分	− 0. 209 *** （ − 3. 16）	− 0. 181 *** （ − 2. 74）	− 0. 183 *** （ − 2. 75）
金融业的市场化	− 0. 717 *** （ − 3. 53）	− 0. 646 *** （ − 3. 19）	− 0. 687 *** （ − 3. 39）
市场中介组织的发育和法律制度环境	− 0. 072 （ − 0. 98）	− 0. 064 （ − 0. 87）	− 0. 087 （ − 1. 19）
地区生产总值增长率	0. 015 （0. 11）	0. 028 （0. 19）	0. 021 （0. 15）
人均地区生产总值	0. 371 （0. 91）	0. 564 （1. 38）	0. 535 （1. 30）
预算赤字率	0. 029 （0. 91）	0. 037 （1. 17）	0. 030 （0. 94）
观测值	2688	2686	2662
R – Square	0. 131	0. 134	0. 138
Adj. R – Square	0. 12	0. 12	0. 12

注：（1）小括号内为 t 值。（2） * 表示显著性水平为 10% ， ** 表示显著性水平为 5% ， *** 表示显著性水平为 1% 。（3）控制变量包括国有控股企业数量所占比重、外资控股企业数量所占比重，并控制项目发起年份和所属行业这两个固定效应。（4）常数项系数和显著性不重要，故回归结果不显示常数项。

5.6 本章小结

本章首先整理了 PPP 数据，主要包括项目基本信息、股东企业信息和地区经济和制度信息，并进行了数据描述性统计分析。然后通过计量分析证明 PPP 项目中地方政府在选择社会资本时存在所有制偏好，并研究各种情况下，各种所有制类型的企业参与甚至控股 PPP 项目的情况，得出以下几个重要结论。

（1）地方政府在选择社会资本控股项目时，存在所有制偏好。从企业所有制的角度，本章提出了政府对企业所有制的偏好顺序。在社会资本控股项目时，判断政府在三种所有制企业控股之间的偏好，作出了两个全面排序。地区金融市场化程度越高，本地企业越可能控股项目，且民营企业控股项目的可能性大于国有企业，即随着地区金融市场越发达、越市场化，三种所有制控股情况从高到低偏好排序分别是民营企业控股、国有企业控股、外资企业控股；地方政府财政情况越好，外资企业越有动力参与控股 PPP 项目，地方财政情况越好，三种所有制控股情况从高到低偏好排序分别是外资企业控股、国有企业控股、民营企业控股。

（2）资金优势、政治优势、信息优势是国有企业作为 PPP 项目主要参与人的重要原因。国有企业有能力承担大型 PPP 项目，说明国有企业有更强的资金优势；国有企业在地区营商环境较差和制度环境较差时，仍能承担提供公共产品和服务的责任，说明国有企业有政治优势来保证 PPP 项目的有效进行；在经济和财政良好的地区，国有企业参与度高，源于这些地区的项目通常是优质项目，国有企业拥有信息优势来得到这样的项目。

（3）民营企业参与的项目通常所需投资金额较低，且地区营商环境良好，有助于吸引民营企业参与 PPP 项目。金融业市场化程度越高，越有助于拓宽民营企业融资渠道，融资多样化和市场化降低了民营企业的融资成本，使民营企业更有动力参与 PPP 项目，同时降低了外资企业参与 PPP 项目的可能性。此外，地区经济水平越低、地方政府财政状况越差，参与项目的民营企业越多，这可能是因为地方政府有更迫切的降低财政压力、减轻债务负担的目标，从而需要吸引非国有企业参与 PPP 项目，而外资企业更对风险考虑更多，在地方政府经济和财政状况差时，外资企业参与 PPP 项目的动力不强，所以更多的民营企业进入了这样的地区和项目。

（4）外资企业参与项目的特点为投资金额小且地方政府的财政状况良好，这表明外资企业更看重项目风险。金融业的市场化程度越高，当民营企业融资成本降低后，政府越有动力选择民营企业，从而降低了外资企业参与 PPP 项目的可能性，一方面是由于民营企业的融资成本降低了，民营企业拥有了资金优势，另一方面在于民营企业比外资企业更了解本国情况，拥有更多的信息优势来获得项目，且政府也更倾向于选择比外资企业拥有更多资金优势、信息优势且易于监管的民营企业作为合作者。外资企业没有竞争优势的另一个原因可能在于，PPP 项目本身带有公益性或准公益性的特点且项目合作时期平均长达近 20 年，公益性和准公益性的项目涉及中国的民生问题和社会稳定问题，本国企业比外资企业更关注本国人民的福利，政府出于长远的政治考虑会优先选择本国企业。

（5）地方政府在选择社会资本时，在市级层面，考察得更多的资源不是资金，而是信息。地方政府更看重的可能是通过信息获取来构建和稳固社会关系，例如作为本地企业的社会资本拥有更强的获得项目信息的能力，从而更有竞争力，地方政府也更乐于与本地企业构建合作关系。在省级层面，地方政府不仅强调软信息，而且注重从全省的角度来解决资金问题。

（6）上市公司有两方面竞争优势：一方面是资金优势，上市公司更容易从市场中筹集到资金，且其融资成本较低；另一方面是信息优势，虽然上市公司不具有获得优质项目的信息优势，但上市公司的信息更加公开化、透明化，政府选择上市公司可以获得企业更多的信息，使政府容易监督上市公司的行为，减少信息不对称产生的风险和溢价。在这种意义上，上市公司也拥有信息优势。相对来说，上市公司的资金优势和信息使其在地方财政负担重、地区制度环境好的地区，更容易被选为社会资本方。此外，项目所需的总投资额越高、项目合作期限越长，上市公司也更容易被选择。

（7）因此，在不同所有制控股情况下，项目落地速度从快到慢分别为政府控股、外资企业控股、国有企业控股、民营企业控股。虽然民营企业控股的项目落地速度最慢，但并不代表民营企业效率低，相反通常认为民营企业效率高于国有企业。民营企业既没有国有企业更亲近政府，也没有外资企业可以获得政策倾斜，因此拥有政府政策倾斜和本身运行高效率的外资企业比民营企业，甚至比国有企业更能加速项目落地，且会参与合作期限较长的项目。

第6章　政府和社会资本的产权分配

6.1　引言

合理的收益是保证社会资本参与 PPP 项目和 PPP 项目成功的重要因素，PPP 项目的盈利性低直接影响社会资本参与 PPP 项目的积极性。保证社会资本参与 PPP 项目，激励社会资本方采取更优的行动，政府一方面可以采用收益激励的方式，另一方面可以通过产权激励的方式。产权是安排事前投资激励、缓解机会主义风险的重要工具，通过合理的产权结构安排可以协调合作双方的激励及风险。本章主要研究 PPP 项目中的产权激励。

不完全契约理论的核心是强调控制权配置是决定其合作效率的关键。Grossman 和 Hart（1986）研究什么是企业的边界。即使信息对称，不完全契约也会导致效率损失；在不完全契约时，产权可发挥激励作用。当非一体化时，双方都事前投资不足。由于无法获得投资的所有收益，产生了效率损失。产权分配给一方导致一方过度投资，而另一方投资不足。一体化带来收益的同时也带来了成本，产权激励了拥有产权的人的投资，但损害了另一方的投资激励。产权应该分配给投资重要的一方；当双方投资都重要时，各自拥有产权的非一体化最优。Hart 和 Moore（1990）拓展了 Grossman 和 Hart（1986）关于产权对上层管理者影响的研究，Hart 和 Moore（1990）分析产权如何影响产权所有者和非产权所有者的激励，说明代理人的行动不仅依赖于其是否拥有产权，而且依赖于其没有产权时，谁拥有产权。研究表明产权应该分配给事前投资重要且对产权最敏感的人或交易中最不可缺少的人（重要的交易伙伴，即使无投资）。这篇论文也解释企业投资回报先增后减的原因，投资回报先增加是因为资产的互补性，而后减少是因为集中产权导致的经济独立性的管理人的引入。

如果资产互补，联合产权更优。Hart、Shleifer 和 Vishny（1997）研究公共产品应该由国有企业提供还是私营企业提供，产权分别在政府和私营企业。政府面临着国有企业与私营企业的权衡、质量与成本的权衡。私营企业提供公共产品，会有动力降低生产成本，但可能导致产品质量过低，这是人们反对私有化的一个重要原因。论文列示了公共产品由私营企业还是国有企业提供的边界，在一定的情况下，私营企业不仅可以降低生产成本，也可以提供高质量产品。当降低成本对质量的负作用很小时，私有化优于公有化；而且同时降低成本的努力不重要（质量创新重要），私有化无限接近社会最优。当降低成本对质量的负作用很大时，政府给国有企业的激励足够或者提高质量的努力不重要（质量创新不重要），公有化优于私有化。Martimort、Donder 和 Villemeur（2005）研究了公共产品提供的最佳方式，即由公共部门还是由私人部门提供。他们的研究表明将产权给私人部门，可以看作：政府作出的可信承诺；将外部性内部化；权衡降低成本和提高质量。Besley 和 Ghatak（2001）考察了公共物品的产权分配，系统地分析了私有企业应该如何参与提供公共物品。GHM 模型（Grossman 和 Hart，1986；Hart 和 Moore，1990）认为，对私人产品来说，产权应该分配给投资相对重要的人，以防止不完全契约产生敲竹杠现象。与 GHM 模型不同，BG 模型（Basley 和 Ghatak，2001）研究的是公共产品，作者认为对公共物品来说，产权应该分配给对收益评价更高的人，目的是把产出做大，防止不完全契约产生"搭便车"现象。HSV 模型（Hart，Shleifer 和 Vishny，1997）也考虑对公有产权和私有产权的问题，但在他们的模型中，至少有一方并不直接关心项目，所以产权分配由技术因素决定。Francesconi 和 Muthoo（2006）结合了 GHM 和 BG 的论文结论，即最优控制权分配与三个因素有关：产品技术因素（投资重要性），双方对产品的评价，产品的公共性程度。而且允许产权共享 $\pi \in [0,1]$。其主要结论是（1）当双方投资重要性不同时：如果产品的公共性程度很高，产权分配给评价较高的一方，结论与 BG 一致；如果产品的公共性很低，基本是私人产品，产权分配给投资重要的一方，结论与 GHM 一致；如果产品的公共性程度不高也不低，产权仍分配给投资重要的一方。这说明只有当产品的公共性程度达到一定程度时，产权才分配给评价较高的一方。（2）当双方投资同等重要时：如果产品的公共性程度很低，产权由双方共享，且评价较高的一方拥有更多的产权份额，以激励其投资；如果产品的公共性程度不高也不低，产权分配给评价较低的一方。

国内学者关于 PPP 中产权的研究主要有：何寿奎（2007）研究了最优的产权结构和收益分配比例，以及是否应该让政府或企业拥有控制权，政府要权衡 PPP 合作节约的社会资源以及损失的社会福利。张喆（2007，2009）借鉴并扩展了 BG（2001）的模型，引入连续控制权，以及企业的多元化投入（自利性投入和公益性投入），在此基础上考虑在不同条件下控制权配置的最佳范围。孙慧（2013）在张喆的基础上，引入了初始契约分配，只有合作产生的剩余收益由控制权分配决定，其他收益由初始契约的规定决定。孙慧（2011）还研究了高速公路 PPP 模式下政府最优的价格规制和股权结构。政府面临着风险与收益的权衡。当高速公路使用者的平均出行收益大时，政府为了更多的收益会选择高风险的多持股模式。

实践中，英国的 PF2 模式也说明了政府拥有部分产权的重要性。本章从理论角度和实证角度主要研究 PPP 项目中的产权激励，首先，通过理论模型提出了最优的产权分配规则，证明了政府拥有部分产权的重要性和必要性；其次，从实证角度主要考察中国 PPP 模式中政府如何分配政府与社会资本的产权，以及社会资本内部如何分配产权，考察企业的所有制类型对政府分配给社会资本产权的影响；最后，通过数据描述性分析指出了中国式 PPP 项目存在的四个潜在问题并提出相应的政策建议。

6.2　理论分析

通过第 4 章的基本模型，可以得到产权的比较静态表达式：

$$\frac{\partial V}{\partial \pi} = -s(b+s+1) + I(r+\beta) + s(1-\alpha_1) + (1+\gamma\sigma^2)s^2(1-\pi)$$

$$\#(4-3)$$

而且最佳的契约结构满足：

$$\pi = \frac{s(b+s+1) - I(r+\beta) - \dfrac{s(b+s+2)}{2+\gamma\sigma^2}}{(1+\gamma\sigma^2)s^2 - \dfrac{s^2}{2+\gamma\sigma^2}} \qquad \#(4-4)$$

$$1 - \alpha_1 = \frac{b+\pi s+2}{2+\gamma\sigma^2} \qquad \#(4-5)$$

下面通过分析公式（4-3）、公式（4-4）和公式（4-5），得到不同情况下 PPP 项目的产权分配规则。

命题 6-1：关于 $\pi = 1$ 的临界分析。如果 $I(r+\beta) \geq s(b+s+1)$，则有 $\dfrac{\partial V}{\partial \pi} > 0$，说明当企业融资成本超过产权激励产生的正效果时，产权完全归政府所有，即 $\pi = 1$，表明企业的融资成本是影响政府拥有产权的重要因素。若 $\pi = 1$，则 $1 - \alpha_1 = \dfrac{b+\pi s+2}{2+\gamma\sigma^2}$，要求 $1 - \alpha_1 = \dfrac{b+s+2}{2+\gamma\sigma^2} < 1$；反之，若 $b+s > \gamma\sigma^2$，则必有 $\alpha_1 = 0$，$\alpha_1 = 0$，意味着固定价格契约最优，说明如果企业风险厌恶系数不大，产权激励有效，且当企业的建设努力很重要时，固定价格的强激励优于成本加成的弱激励。

命题 6-2：$\dfrac{\partial \pi}{\partial b} \leq 0$，当且仅当 $s = 0$ 时取等号。随着基础设施质量的边际社会收益的提高，企业能拥有的产权比例也会单调增加。$\dfrac{\partial \pi}{\partial r} > 0$，$\dfrac{\partial \pi}{\partial \beta} > 0$，企业贷款利率（融资市场不完善）或企业要求的回报率越高，企业拥有的产权比例越低。

命题 6-3：π 与 s 的关系，随着 s 的增加，π 先减少后增加。在极端情况下，如果 $s = 0$，即项目结束后产权没有价值，那么产权全部归政府所有。

命题 6-3 表明当项目结束后，随着剩余产权的价值变高，政府在初期拥有产权的比例先降低后增加，说明当剩余产权价值在一定范围内增加，政府用产权来激励企业努力的效果显著，政府将更多的剩余产权分配给企业；当剩余产权价值增加超过一定值域时，意味着项目结束后政府收回产权的成本也会提高，因此政府倾向于自己拥有更多产权。

关于 $\pi = 0$ 的临界分析。下面分析什么情况下企业只能拥有部分产

权。企业拥有部分产权，即要求 $\pi > 0$ 恒成立。根据公式

$$1 - \pi = \frac{s(b+s+1) - I(r+\beta) - \dfrac{s(b+s+2)}{2+\gamma\sigma^2}}{(1+\gamma\sigma^2)s^2 - \dfrac{s^2}{2+\gamma\sigma^2}}$$

可知：

$$\pi > 0 \Leftrightarrow 1 - \pi < 1$$

$$\Leftrightarrow \frac{s(b+s+1) - I(r+\beta) - \dfrac{s(b+s+2)}{2+\gamma\sigma^2}}{(1+\gamma\sigma^2)s^2 - \dfrac{s^2}{2+\gamma\sigma^2}} < 1$$

$$\Leftrightarrow \gamma\sigma^2 s^2 - \left[(b+1) - \frac{b+2}{2+\gamma\sigma^2}\right]s + I(r+\beta) < 0$$

命题 6 - 4：关于 $\pi = 0$ 的临界分析。若 $\left(b+1 - \dfrac{b+2}{2+\gamma\sigma^2}\right)^2 - 4\gamma$ $\sigma^2(r+\beta)I < 0$ 成立，则 $\pi > 0$ 恒成立，企业只能拥有部分产权。

该条件说明了在四种情况下企业只能拥有部分产权的原因。第一种情况是，当项目所需投资额很大时，政府应该拥有一定的产权，一方面是为了加强对 PPP 项目的监督和管理，另一方面也是为了通过产权激励来激励企业提高努力水平；第二种情况是，企业是强风险规避的企业，政府拥有产权可以合理分担项目面临的风险，同时减少给企业的风险溢价支付，达到收益与风险的合理分配；第三种情况是，金融市场不完善，通常认为融资成本显著高于政府举债成本，项目初期所需投资较大，政府适当分担成本可以提高项目的效率；第四种情况是，企业要求的回报率很高，政府拥有产权可以避免企业过多采取冒进的风险性行为。在这四种情况下，政府不会将全部产权都交给企业。

政府拥有更多股权，一方面，相当于在控制项目风险，给予社会资本一定的承诺，体现了产权控制风险的作用，反而可以激励社会资本进行投资；另一方面，为了避免社会资本隐藏信息导致项目失败，政府拥有更多股份可以监督企业，让企业自身进行抗风险投入。

从所有制角度解读命题 6 - 4 提出的企业只能拥有部分产权的四种情

况，可以发现，民营企业更有可能面临这四种情况。这意味着相比国有企业与政府合作，民营企业与政府合作得到的产权比例更少，即政府会将更多的产权分配给社会资本方是国有企业的企业。

根据产权理论的分析结论，下面计量部分将验证以下三个假说。

假说 1：项目所需投资额与政府拥有的产权比例存在正相关关系。

假说 2：政府信用、财政状况和法律制度环境越差，企业面临着更多风险，政府会拥有更多股权比例。

假说 3：金融市场化程度与政府拥有的产权比例存在负相关关系。

6.3 计量分析

6.3.1 政府和社会资本如何分配股权

为了考察中国 PPP 模式中政府如何分配政府与社会资本之间的产权，本书利用截至 2018 年底的财政部 PPP 数据进行计量回归分析，考虑可能影响政府股权比例的几个重要因素。本节所要估计的基本回归方程为

$$\text{政府股权比例} = \beta_0 + \beta_1 \text{总投资额} + \beta_2 \text{城市信用得分}$$
$$+ \beta_3 \text{金融业的市场化} + \beta_4 \text{预算赤字率} + \beta_5 X_i + \varepsilon_i$$

政府股权比例是连续变量，在 0 到 100 之间变动，也是本节的被解释变量；总投资额、城市信用得分、金融业的市场化、预算赤字率是本节的关键解释变量，且分别对总投资额、人均地区生产总值求对数，取自然对数是为了平滑数据；X 表示其他控制变量，包括合作期限、市场中介组织的发育和法律制度环境、地区生产总值增长率、人均地区生产总值、国有控股企业数量比重、外资控股企业数量所占比重，并控制项目发起年份和所属行业这些固定变量。

表 6-1 以政府股权比例作为被解释变量作 OLS 回归，呈现了总投资额、人均地区生产总值、预算赤字率与政府股权比例之间的关系。（1）～（4）列是分别将总投资额、城市信用得分、金融业的市场化、预算赤字率这三个变量作为关键解释变量的回归结果；（5）列包含了所有的关键解释变量；（6）列引入了三个交叉项，财政自给率和预算赤字率

交叉、财政自给率和城市信用得分、总投资额和金融业的市场化；此外，
（1）～（6）列都包含了年份固定效应和行业固定效应。

先看表6-1（5）列的回归结果，回归结果显示：

（1）大型PPP项目、经济发展水平高的地区，政府会持有较多股权，
显著性水平分别为1%和5%。原因在于，总投资额大的项目通常是重要
基建项目，项目本身对社会稳定和经济发展很重要，政府拥有更多产权
相当于给予企业一定的承诺，降低政治风险，可以激励企业投资；经济
发展水平高的地区，发起的PPP项目更优质，因此这类地区的PPP项目
通常收益较好，可以吸引更多的社会资本参与到公共产品和服务的提供
中，政府对社会资本的选择范围也更广，因此在这种情况下政府谈判力
强，政府也更愿意拥有更多产权。

（2）政府预算赤字率并不影响政府与社会资本之间的股权分配。从
两个方面来看，预算赤字率更高的地区，政府可能面临更高的财政压力
和债务负担，一方面，为了避免项目失败和吸引社会资本参与，财政能
力差的政府倾向于拥有更多股权，这说明政府拥有产权相当于给予企业
控制风险的有效承诺，政府拥有产权发挥了政府承诺的作用，并吸引社
会资本参与并监督企业以避免其进行机会主义行为，降低项目失败风险；
另一方面，财政能力差的政府，其参股PPP项目的财政资金压力也很大，
反而降低了其参股比例。在这两个相反的作用下，政府预算赤字率对政
府股权比例的影响并不显著。这也可以看出对于财政能力差的政府，避
免项目失败的风险比解决政府负债更紧迫和更重要。此外，地区制度环
境变量对政府股权比例有显著的负影响，显著性水平为1%，也表明了政
府股权可以作为控制风险的一种有效手段。

（3）城市信用得分和金融业的市场化这两个变量不显著。这也是政
府控制风险的需求和投资需求与政府财政能力不匹配导致的。如果城市
信用差或政府信用差，政府更需要控制风险，但是这类地区的政府同时
存在着财政能力的限制，多种因素导致政府股权比例影响方向不确定。
但还是可以看出政府有拥有更多股权比例的意愿，只是受其能力的影响
而实现不了。

（4）最后，对于近年来发起的项目，政府将更多的股权分配给社会资本。随着时间的推移，PPP项目越来越多，政府的融资成本也逐渐在提高；而且财政部规定每年PPP项目从预算中安排的支出，不能超过一般公共预算支出比例的10%，以避免未来出现PPP项目泡沫；随着财政承受能力评估和物有所值评估逐渐完善，项目选拔机制和项目运行机制也越来越规范，市场可以发挥监督企业的作用，因此政府将更多权力和自由下放给企业和市场，这是一个好现象，代表着PPP项目逐步走向市场化，项目发展更规范。

然后，表6-1（6）列引入了交叉项分析，下面分析财政自给率和预算赤字率交叉、财政自给率和城市信用得分、总投资额和金融业的市场化这三个交叉项的回归结果。表6-1的回归结果从实证角度证明了政府拥有产权的原因，也解释了什么情况下政府会拥有更多的产权。

首先，考虑地方政府财政自给率对预算赤字率影响政府股权比例的作用。回归显示，预算赤字率与政府股权比例显著正相关，显著性水平为1%；财政自给率与政府股权比例显著正相关，显著性水平为1%；而两者的系数不显著。预算赤字率与财政自给率都代表了政府的财政能力。预算赤字率越高的地区，政府越有动机持有更多股权比例，控制风险并吸引社会资本参与，政府持股还可以监督企业以避免其机会主义行为，降低项目失败风险。而财政自给率越高，政府越有能力持有更多股权。因此通过交叉项分析可以看出，在政府赤字率和财政自给率都对政府持股有显著正向影响。

其次，考虑地方政府财政自给率对城市信用影响政府股权比例的作用。回归显示，城市信用与财政自给率的交叉项系数显著为负，显著性水平为1%，城市信用系数显著为正，显著性水平为10%。故当城市信用较差时，财政自给率越高的政府会持有更多股权比例。城市信用较差，代表当地政府声誉较差、企业营商环境也较差，在这种情况下，企业参与PPP项目会面临更多的政治风险和市场风险，政府拥有更多股权比例可以分担社会资本的项目风险，体现了政府拥有部分股权的合理性。

最后，考虑项目所需总投资额对金融业市场化影响政府股权比例的作用。回归显示，项目所需总投资额与金融业市场化的交叉项系数显著为正，显著性水平为1%，金融业的市场化系数显著为负，显著性水平为10%。金融业的市场化程度较高，政府会持有较低比例的股权，但项目所需总投资额增加会促进政府提高股权比例。当金融市场越不完善时，社会资本的平均融资成本明显越高，政府投资有相对优势，故政府适当分担成本可以提高项目的效率；当金融业市场化程度提高时，政府和社会资本都将受益，有助于降低双方的融资成本，如果项目初期所需投资较大，政府也更有能力和动力持有更多股权比例。

表6-1　　　　　　　　　政府股权比例回归结果

自变量	(1) 政府股权 比例	(2) 政府股权 比例	(3) 政府股权 比例	(4) 政府股权 比例	(5) 政府股权 比例	(6) 政府股权 比例
总投资额	1.240 *** (5.21)				1.273 *** (5.32)	-1.976 (-1.58)
城市信用得分		-0.139 (-1.25)			-0.173 (-1.49)	0.394 * (1.71)
金融业的市场化			-0.015 (-0.04)		-0.004 (-0.01)	-0.772 * (-1.74)
预算赤字率				0.087 * (1.67)	0.070 (1.30)	0.184 *** (2.67)
合作期限	0.103 ** (2.37)	0.141 *** (3.20)	0.139 *** (3.18)	0.141 *** (3.22)	0.105 ** (2.41)	0.114 *** (2.61)
市场中介组织的发育和 法律制度环境	-0.375 *** (-3.14)	-0.300 ** (-2.40)	-0.344 *** (-2.89)	-0.356 *** (-2.97)	-0.334 *** (-2.69)	-0.368 *** (-2.78)
地区生产总值增长率	-0.161 (-0.72)	-0.057 (-0.25)	-0.076 (-0.32)	-0.071 (-0.31)	-0.142 (-0.60)	-0.168 (-0.71)
人均地区生产总值	0.445 (0.97)	1.253 ** (2.20)	0.791 * (1.70)	1.603 ** (2.36)	1.664 ** (2.31)	1.803 * (1.95)
财政自给率_预算赤字率						-0.002 (-1.38)

续表

自变量	(1) 政府股权 比例	(2) 政府股权 比例	(3) 政府股权 比例	(4) 政府股权 比例	(5) 政府股权 比例	(6) 政府股权 比例
财政自给率_城市信用得分						−0.011 *** (−2.95)
总投资额_金融业的市场化						0.392 *** (2.64)
财政自给率						0.885 *** (3.06)
观测值	2847	2842	2847	2847	2842	2842
R − Square	0.045	0.037	0.037	0.038	0.047	0.052
Adj. R − Square	0.03	0.03	0.03	0.03	0.03	0.04

注:(1) 小括号内为 t 值。(2) * 表示显著性水平为 10%,** 表示显著性水平为 5%,*** 表示显著性水平为 1%。(3) 控制变量包括国有控股企业数量所占比重、外资控股企业数量所占比重,并控制项目发起年份和所属行业这两个固定效应。(4) 常数项系数和显著性不重要,故回归结果不显示常数项。

6.3.2 社会资本内部分配股权

上一节研究了政府与社会资本之间如何分配产权,本节则研究社会资本内部如何分配股权,社会资本方涉及三种所有制:国有企业、民营企业和外资企业。根据所有制划分,社会资本股权比例又分为国有企业股权比、民营企业股权比和外资企业股权比这三个变量,分别代表三种所有制在项目公司所拥有的股权。

表 6 - 1 以社会资本股权比例、国有企业股权比、民营企业股权比和外资企业股权比这四个变量为被解释变量进行 OLS 回归,考虑影响社会资本内部股权分配的几个重要因素。本节的自变量仍包括三个维度:项目基本信息(总投资额和合作期限)、地区制度变量(城市信用得分、金融业的市场化和地区制度环境)、地区经济财政变量(地区生产总值增长率、人均地区生产总值和预算赤字率),并控制其他控制变量,以及控制项目发起年份和所属行业这些固定变量。回归结果如表 6 - 2 所示。

首先从项目特征来看，（1）随着 PPP 项目所需投资额越来越多，社会资本持股比例总体会显著降低，显著性水平为 1%；其中，国有企业持股比例上升，而民营企业和外资企业持股比例下降，尤其是民营企业受影响更大，表明政府和国有企业更有资金优势和资金能力来参与 PPP 项目，而民营企业比外资企业更受资金的约束。（2）项目合作时间增加，社会资本持股比例总体会显著降低，显著性水平为 5%；其中，国有企业和民营企业持股比例下降，外资企业反而更喜欢参与合作时间长的项目。

其次从地区制度方面来看，（1）政府声誉和企业营商环境对国有企业和民营企业持股比例都有影响，良好的政府声誉和营商环境有助于吸引民营企业更多参与 PPP 项目，且使民营企业拥有更多的话语权。（2）金融市场的完善，降低了民营企业的融资成本，民营企业会拥有更多的股权，而排挤出了外资企业，但对国有企业没有显著影响，说明民营企业和外资企业之间的竞争更强，国有企业基本不受融资约束。（3）地区法律制度环境越好，越有助于社会资本持股比例总体上升，显著性水平为 1%，且地区法律制度环境对三种所有制企业的影响同等重要。

最后从地区经济财政角度来看，经济发展好的地区，社会资本持股比例总体会显著下降，显著性水平为 5%，尤其是民营企业持股比例显著下降；相反，国有企业持股比例显著上升，而外资企业不受影响，说明国有企业在经济发展好的地区发挥着重要作用。地方政府预算赤字率越高，民营企业持股比例越高，而国有企业和外资企业持股比例下降，说明民营企业在预算赤字率高的地区发挥着重要作用。

表 6-2　　　　　　　　　　社会资本内部分配股权

自变量	（1） 社会资本股权比例	（2） 国有企业股权比	（3） 民营企业股权比	（4） 外资企业股权比
总投资额	-1.273 ***	7.040 ***	-7.193 ***	-1.307 ***
	（-5.32）	（11.38）	（-11.16）	（-3.50）
合作期限	-0.105 **	-0.438 ***	-0.108	0.487 ***
	（-2.41）	（-4.01）	（-0.95）	（6.79）

续表

自变量	(1) 社会资本股权比例	(2) 国有企业股权比	(3) 民营企业股权比	(4) 外资企业股权比
城市信用得分	0.173 (1.49)	-1.013 *** (-3.38)	0.938 *** (3.12)	0.199 (1.12)
金融业的市场化	0.004 (0.01)	-0.871 (-0.94)	3.068 *** (3.23)	-1.855 *** (-3.42)
市场中介组织的发育和法律制度环境	0.334 *** (2.69)	-0.303 (-0.89)	0.324 (0.93)	0.284 (1.50)
地区生产总值增长率	0.142 (0.60)	1.658 *** (3.29)	-0.750 (-1.32)	-0.404 (-1.12)
人均地区生产总值	-1.664 ** (-2.31)	4.279 ** (2.10)	-5.066 *** (-2.58)	-1.184 (-1.10)
预算赤字率	-0.070 (-1.30)	-0.250 * (-1.66)	0.292 * (1.96)	-0.126 ** (-2.22)
观测值	2842	2804	2804	2804
R - Square	0.047	0.113	0.112	0.074
Adj. R - Square	0.03	0.10	0.10	0.06

注：（1）小括号内为 t 值。（2）* 表示显著性水平为 10%，** 表示显著性水平为 5%，*** 表示显著性水平为 1%。（3）控制变量包括国有控股企业数量所占比重、外资控股企业数量所占比重，并控制项目发起年份和所属行业这两个固定效应。（4）常数项系数和显著性不重要，故回归结果不显示常数项。

表 6-3 是以股权集中度为被解释变量得到的回归结果，通过赫芬达尔—赫希曼指数（HHI 指数）来测量股权集中度。变量"HHI"通过求 PPP 项目所有股东产权比例的平方和得到，变量"社会资本 HHI"通过求 PPP 项目所有社会资本方股东的产权比例平方和再除以社会资本股权比例得到。HHI 代表了项目股权整体集中程度，社会资本 HHI 代表了股权在社会资本股东企业之间的集中程度，HHI 和社会资本 HHI 的值越大，代表股权分布越集中。表 6-3（1）列和（4）列是全样本下股权集中度回归结果，（2）列和（4）列是有国有企业参与的 PPP 项目的股权集中度回归结果，（3）列和（6）列是没有国有企业参与的 PPP 项目的股权

集中度回归结果。通过表 6 - 3 回归结果发现，总投资额、人均地区生产总值和预算赤字率这三个变量显著，可以看出股权分散化策略主要与资金有关。

投资额越大的大型项目，项目股权越分散，且项目整体股权分散化程度高于社会资本之间的股权分散化程度［即（1）~（3）列总投资额的系数比（4）~（6）列对应的系数要低］。股权分散的目的是解决融资问题，分散股权可以筹集到更多资金，且资金来源多样化也可以降低融资成本。在没有国有企业参与的项目中，社会资本内部股权分散化程度不受投资额的影响［即（6）列总投资额系数不显著］，因为民营企业和外资企业相较于国有企业和政府，都没有融资优势。因此，没有国有企业参与的项目，大型项目会使项目整体分散化，但并不影响社会资本内部的股权分散化程度。

经济水平越高的地区，项目股权越分散。可以看出政府在选择社会资本方时有更多的选择，股权也更加分散，无论是政府方还是社会资本方中的某个企业，都不会集中持有项目股权。

地方政府预算赤字率越高，项目股权也越分散。经济水平更高的地区，分散项目股权是因为政府选择性更多，愿意参与 PPP 项目的企业更多。而同样是分散股权，地方政府预算赤字率高的地区，则因为股权分散可以降低项目失败的风险，结合各个企业的优势来运行 PPP 项目，也使 PPP 项目不至于因某个企业而失败，分散股权的同时分散了风险。

表 6 - 3　　　　　　　　　　股权集中度情况

自变量	(1) 全样本 HHI	(2) 有国企 样本 HHI	(3) 无国企 样本 HHI	(4) 全样本 社会资本 HHI	(5) 有国企 样本 社会资本 HHI	(6) 无国企 样本 社会资本 HHI
总投资额	- 0.040 *** (- 11.76)	- 0.040 *** (- 8.38)	- 0.024 *** (- 4.90)	- 0.033 *** (- 10.48)	- 0.039 *** (- 8.41)	- 0.001 (- 0.23)
合作期限	- 0.001 (- 1.10)	- 0.003 *** (- 3.60)	0.001 (1.50)	- 0.000 (- 0.97)	- 0.001 (- 1.37)	- 0.001 (- 1.25)

续表

自变量	(1) 全样本 HHI	(2) 有国企 样本 HHI	(3) 无国企 样本 HHI	(4) 全样本 社会资本 HHI	(5) 有国企 样本 社会资本 HHI	(6) 无国企 样本 社会资本 HHI
城市信用得分	0.001 (0.77)	-0.002 (-1.01)	0.006** (2.57)	-0.000 (-0.15)	-0.001 (-0.44)	-0.001 (-0.62)
金融业的市场化	0.012** (2.55)	0.010 (1.64)	0.014** (2.01)	0.002 (0.47)	-0.003 (-0.42)	0.001 (0.13)
市场中介组织的发育和法律制度环境	0.000 (0.21)	-0.003 (-1.15)	0.002 (0.76)	-0.002 (-1.24)	-0.004* (-1.65)	-0.002 (-0.85)
地区生产总值增长率	-0.001 (-0.23)	0.005 (1.13)	-0.003 (-0.84)	-0.002 (-0.66)	0.002 (0.41)	-0.002 (-1.00)
人均地区生产总值	-0.052*** (-5.49)	-0.054*** (-4.23)	-0.040*** (-3.09)	-0.036*** (-4.17)	-0.043*** (-3.41)	-0.016* (-1.67)
预算赤字率	-0.003*** (-3.83)	-0.004*** (-3.51)	-0.001 (-1.43)	-0.002*** (-2.71)	-0.002** (-2.44)	-0.001* (-1.79)
观测值	2842	1592	1215	2802	1587	1215
R - Square	0.108	0.122	0.108	0.088	0.107	0.045
Adj. R - Square	0.10	0.10	0.08	0.08	0.09	0.02

注：（1）小括号内为 t 值。（2）* 表示显著性水平为 10%，** 表示显著性水平为 5%，*** 表示显著性水平为 1%。（3）控制变量包括国有控股企业数量所占比重、外资控股企业数量所占比重，并控制项目发起年份和所属行业这两个固定效应。（4）常数项系数和显著性不重要，故回归结果不显示常数项。

6.3.3　地区落地率、项目数量和投资额分析

之前的回归数据都是以项目为单位，本小节以地区为单位进行回归。下面从市级层面和省级层面，计算项目落地率情况、项目数量和项目投资额，并将项目数量和项目投资额取对数，分别以这六个变量为被解释变量进行 OLS 回归，分析影响市或省份项目落地率、项目数量和项目投资额的因素有哪些（见表 6 - 4）。本节所要估计的基本回归方程为

$$落地率\,or\,项目数量\,or\,项目投资额 = \beta_0 + \beta_1\,营商环境 + \beta_2\,金融业的市场化$$
$$+ \beta_3\,法制制度环境$$
$$+ \beta_4\,人均地区生产总值$$
$$+ \beta_5\,预算赤字率 + \beta_6\,X_i + \varepsilon_i$$

项目落地率代表一个地区所有项目的总体执行效果，项目落地度越高，地区执行的 PPP 项目越有效。（1）城市信用得分和政府与市场的关系分别是市级和省级变量，用来代表企业的营商环境。在市级层面，营商环境越好，项目落地率越高，显著水平为 1%；在省级层面，营商环境对项目落地率没有显著影响。（2）在市级层面，地方政府的预算赤字率不影响落地率；在省级层面，地方政府预算赤字率越高，项目落地率越低，说明了省级政府的财政能力有助于项目落地，省级政府的财政能力比市级政府的财政能力重要。省级政府的财政能力较高，政府可以为 PPP 项目提供强有力的资金支持，促进项目融资成功和项目落地。

地区项目数量和项目投资额主要与当地的人口数量和政府预算赤字率有关。从需求角度来看，人口越多的地区对城市基础设施的需求也越大。从供给角度来看，政府财政力量也是影响 PPP 项目数量和投资额的重要因素，政府财政实力强，将有更多资金来发起更多的 PPP 项目。例如，山东是一个人口大省，对基础设施投资需求高，促进了 PPP 项目的发展，而且政府有足够的财政资金来支持 PPP 项目。

表6-4　　　　地区落地率、项目数量和投资额回归结果

自变量	(1) 分市 落地率	(2) 市项目 数量	(3) 市项目 投资额	(4) 分省 落地率	(5) 省项目 数量	(6) 省项目 投资额
营商环境	1.335 ***	0.009	0.012	-6.802	-0.336 **	-0.315 *
	(2.71)	(0.57)	(0.56)	(-1.13)	(-2.69)	(-1.93)
金融业的市场化	2.113	0.113 ***	0.081	4.373 *	0.136	0.041
	(1.54)	(2.83)	(1.55)	(1.74)	(1.55)	(0.49)
市场中介组织的发育和 法律制度环境	-0.242	0.011	0.016	0.610	0.036	0.096 **
	(-0.45)	(0.59)	(0.60)	(0.44)	(0.87)	(2.52)

续表

自变量	（1） 分市 落地率	（2） 市项目 数量	（3） 市项目 投资额	（4） 分省 落地率	（5） 省项目 数量	（6） 省项目 投资额
地区生产总值增长率	1.840 ** （2.36）	0.084 *** （3.59）	0.101 *** （3.34）	2.678 ** （2.37）	0.053 （0.74）	0.058 （0.95）
人均地区生产总值	− 4.342 （− 0.90）	− 0.170 （− 1.07）	0.289 （1.50）	− 18.855 （− 0.86）	− 0.515 （− 1.22）	− 0.267 （− 0.54）
预算赤字率	− 0.329 （− 1.19）	− 0.022 *** （− 2.90）	− 0.009 （− 0.85）	− 1.333 ** （− 2.21）	− 0.053 *** （− 2.96）	− 0.035 * （− 1.75）
年末总人口	− 3.739 （− 1.38）	0.510 *** （6.99）	0.899 *** （8.08）	− 7.468 （− 1.44）	0.912 *** （3.85）	1.028 *** （4.70）
国有控股企业数量所占 比重	2.061 （0.82）	− 0.036 （− 0.49）	− 0.112 （− 0.92）	2.857 （0.66）	0.039 （0.19）	− 0.043 （− 0.19）
外资控股企业数量所占 比重	2.565 * （1.78）	− 0.266 *** （− 3.64）	− 0.342 *** （− 3.00）	6.716 ** （2.50）	− 0.411 ** （− 2.42）	− 0.553 *** （− 2.85）
观测值	289	289	289	31	31	31

注：（1）小括号内为 t 值。（2）* 表示显著性水平为 10%，** 表示显著性水平为 5%，*** 表示显著性水平为 1%。（3）常数项系数和显著性不重要，故回归结果不显示常数项。

6.3.4 国家示范项目子样本分析

接下来，本节对比分析不同所有制企业在不同资质的 PPP 项目上有什么竞争优势和竞争劣势，因此析出国家示范项目的子样本，关键解释变量仍是包括项目特征、地区制度特征和地区经济财政特征三个维度，所有回归均包括了控制变量，并控制项目发起年份和所属行业这两个固定效应。表 6 - 6 和表 6 - 7 是国家示范项目股东所有制情况的子样本回归结果，被解释变量分别是项目控股情况和企业所有制。表 6 - 9 和表 6 - 10 是关于国家示范项目产权分配情况的子样本回归结果，被解释变量分别为政府股权比例和社会资本方中各种所有制企业的股权比例。

国家示范项目全国最优质的项目，发挥引导全国 PPP 项目的作用，研究国家示范项目的股东所有制和股权分配有重要意义。本小节分析哪种所有制企业在优质项目竞争中有优势，下面将分别进行两方面的分析，一个是控股情况分析，另一个是产权分配分析。

首先，分析社会资本参与国家示范项目的情况。表 6－5 对比了全国所有 PPP 项目和国家示范项目之间的项目投资额和合作期限差异，可以看出国家示范项目的投资额要明显高于全国项目的平均值，比全国高6.67 亿元，且合作期限也比全国平均值长 3.5 年，国家示范项目最低合作期限是 10 年，说明投资额大、合作时间长是国家示范项目的两个特征。

表 6－5　　　　　国家示范项目的项目投资额和合作期限情况

样本	变量名称	观测值	均值	标准差	最小值	最大值
全样本	总投资额	8649	15.13	36.05	0.0005	898.00
	合作期限	8649	19.07	7.29	2.00	52.00
国家示范项目子样本	总投资额	988	21.80	53.06	0.19	898.00
	合作期限	988	22.43	7.99	10.00	50.00

本节通过表 6－6 和表 6－7 的回归发现，在国家示范项目子样本中，政府选择不同类型的企业参与 PPP 项目与项目特征显著相关，但是与地区制度特征和经济财政特征没有明显关系。（1）总投资额越大，国有企业更可能参与甚至控股 PPP 项目；合作时间越长，外资企业更可能参与甚至控股 PPP 项目。子样本结论与全样本结论一致，且子样本（表 6－6 和表 6－7）中投资额和合作期限的回归系数的绝对值大于全样本（表 5－5 和表 5－6）中相应的回归系数，说明国有企业有更明显的资金优势，非国有企业受资金限制的影响更大。（2）地区制度特征和经济财政特征不影响企业类型的选择。因为国家示范项目是国家级的优质项目，所以项目在选择社会资本时不会受到地区经济因素的影响。国家示范项目的风险更小，项目在选择社会资本时不会受到地区制度因素的影响。国家示范项目是国家优质项目，面临的政策风险更低，即使地区经济财政能力差、制度环境不好，对国家示范项目的影响也有限，项目本身的示范级别就规避了很多风险，因此民营企业会更积极地参与到国家示范

PPP 项目中。以上说明民营企业和外资企业更有动力参与国家示范项目，尤其是民营企业，但其也更受临资金限制的影响。

表 6 – 6　　　　国家示范项目社会资本控股情况子样本分析

自变量	（1）控股情况	（2）控股情况	（3）控股情况
总投资额	- 0.467 ***	- 0.577 ***	- 0.11
	（ - 5.53）	（ - 4.17）	（ - 0.78）
合作期限	- 0.005	0.085 ***	0.090 ***
	（ - 0.40）	- 4.39	- 4.62
城市信用得分	0.004	0.057	0.053
	- 0.12	- 1	- 0.93
金融业的市场化	- 0.017	- 0.257	- 0.241
	（ - 0.15）	（ - 1.60）	（ - 1.47）
市场中介组织的发育和法律制度环境	0.061	0.059	- 0.002
	- 1.42	- 0.91	（ - 0.03）
地区生产总值增长率	- 0.041	0.063	0.104
	（ - 0.67）	- 0.57	- 0.97
人均地区生产总值	- 0.106	- 0.543	- 0.438
	（ - 0.41）	（ - 1.20）	（ - 0.96）
预算赤字率	- 0.003	- 0.035	- 0.032
	（ - 0.21）	（ - 1.27）	（ - 1.15）
观测值	601	601	601
Pseudo. R – Square	0.118	0.118	0.118

表 6 – 7　　　　国家示范项目企业所有制情况子样本分析

自变量	（1）国有企业	（2）民营企业	（3）外资企业
总投资额	0.567 ***	- 0.274 ***	- 0.234 **
	（6.58）	（ - 3.74）	（ - 2.01）
合作期限	- 0.026 **	- 0.013	0.070 ***
	（ - 2.23）	（ - 1.12）	（4.29）

续表

自变量	（1） 国有企业	（2） 民营企业	（3） 外资企业
城市信用得分	-0.034 （-0.93）	-0.008 （-0.24）	0.067 （1.44）
金融业的市场化	0.002 （0.02）	0.092 （0.89）	-0.234* （-1.68）
市场中介组织的发育和法律制度 环境	-0.084* （-1.92）	0.066* （1.70）	0.047 （0.83）
地区生产总值增长率	0.047 （0.75）	-0.002 （-0.04）	0.098 （0.93）
人均地区生产总值	-0.079 （-0.32）	0.060 （0.25）	-0.300 （-0.78）
预算赤字率	-0.008 （-0.50）	0.004 （0.26）	-0.032 （-1.29）
观测值	599	599	599
Pseudo. R - Square	0.094	0.054	0.108

注：（1）小括号内为 t 值。（2） * 表示显著性水平为10%， ** 表示显著性水平为5%，*** 表示显著性水平为1%。（3）控制变量包括国有控股企业数量所占比重、外资控股企业数量所占比重，并控制项目发起年份和所属行业这两个固定效应。（4）常数项系数和显著性不重要，故回归结果不显示常数项。

图6-1、图6-2和表6-8展示了在全样本和国家示范项目样本下，PPP 项目的控制情况和企业类型。从图中可以看出在国家示范项目下，参与项目的民营企业和外资企业占比都比全样本高，参与积极性更大。优质项目可以吸引更多的企业竞争，当其他因素相同时，民营企业和外资企业的竞争优势就体现出来；在政治风险低、项目收益稳定可观的情况下，民营企业和外资企业可以发挥其效率优势，强市场竞争会吸引更多融资成本低的企业。

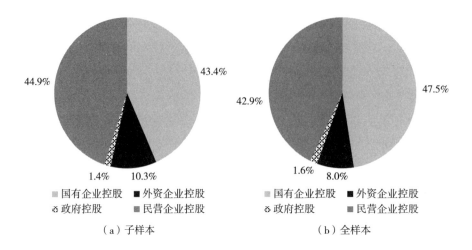

图 6 - 1　国家示范项目子样本和全样本的项目控股情况

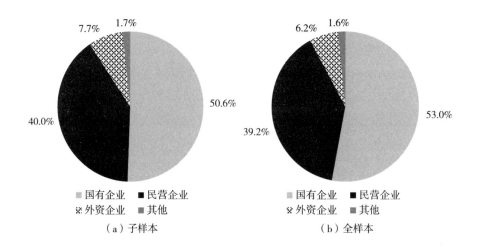

图 6 - 2　国家示范项目子样本和全样本的企业类型分布情况

表 6 - 8　　　　　　　　国家示范项目的企业类型分布情况

样本	变量名称	观测值	均值	标准差	最小值	最大值
全样本	国有企业	3231	0.57	0.50	0.00	1.00
	民营企业	3231	0.49	0.50	0.00	1.00
	外资企业	3231	0.10	0.29	0.00	1.00

样本	变量名称	观测值	均值	标准差	最小值	最大值
国家示范项目子样本	国有企业	710	0.55	0.50	0.00	1.00
	民营企业	710	0.52	0.50	0.00	1.00
	外资企业	710	0.12	0.33	0.00	1.00

其次，分析国家示范项目的产权分配情况。本节通过表 6 - 9 和表 6 -
10 的回归发现，在国家示范项目子样本中，（1）总投资额在全样本和国家
示范项目子样本中分析结果一致，国家示范项目的产权分配也主要受项目
特征影响。（2）地区制度（企业营商环境、地区法律制度环境）不影响国
家示范项目中政府股权比例和社会资本内部分配股权，而全样本下地区制
度因素显著。优质项目出现政府违约的情况少，各个社会资本都在参与，
股权比例也不影响，政府不需要为企业提供信用承诺工具。（3）预算赤字
率和财政自给率仍然显著，但交叉项不显著，与全样本结论一致，但城市
信用及交叉项不显著，说明政府信用和政府财政在企业考虑参与国家示范
项目时发挥的影响作用不同，主要是因为 PPP 项目的国家示范性质在一定
程度上体现了政府信用，在这种情况下营商环境对保证项目顺利进行就没
那么重要了，而企业更可能考虑的是未来政府拥有足够的财力支付项目收
益，在保证项目可顺利进行时，企业更关注的是未来实现更大收益，重要
的是政府有财政支持。政府预算赤字率和财政自给率越高，政府越会持有
更多股份，政府持股更多体现了其财政能力而不是信用能力。此外，地区
经济水平不影响社会资本内部分配产权。

表 6 - 9　　　　　　　国家示范项目政府股权比例子样本分析

自变量	（1）政府股权比例	（2）政府股权比例	（3）政府股权比例	（4）政府股权比例	（5）政府股权比例
总投资额	2.241 ***			2.173 ***	2.154
	(4.02)			(3.89)	(0.77)
人均地区生产总值		3.060 *		3.575 *	1.716
		(1.94)		(1.80)	(0.75)

自变量	（1） 政府股权 比例	（2） 政府股权 比例	（3） 政府股权 比例	（4） 政府股权 比例	（5） 政府股权 比例
预算赤字率			− 0.063 （− 0.60）	0.112 （0.92）	0.364 ** （2.57）
合作期限	0.088 （1.01）	0.172 ** （2.01）	0.174 ** （2.02）	0.090 （1.05）	0.093 （1.07）
城市信用得分	− 0.029 （− 0.15）	− 0.184 （− 0.77）	0.033 （0.15）	− 0.228 （− 0.96）	0.337 （0.67）
金融业的市场化	0.657 （0.88）	0.570 （0.74）	0.767 （1.01）	0.508 （0.67）	0.283 （0.28）
市场中介组织的发育和法律制度环境	0.094 （0.32）	0.272 （0.93）	0.268 （0.90）	0.087 （0.29）	0.061 （0.19）
地区生产总值增长率	− 0.257 （− 0.50）	− 0.187 （− 0.36）	− 0.210 （− 0.40）	− 0.221 （− 0.43）	− 0.312 （− 0.62）
财政自给率_预算赤字率					− 0.003 （− 0.71）
财政自给率_城市信用得分					− 0.015 （− 1.60）
总投资额_金融业的市场化					− 0.007 （− 0.02）
财政自给率					1.283 * （1.86）
观测值	617	617	617	617	617

注：（1）小括号内为 t 值。（2） * 表示显著性水平为 10%， ** 表示显著性水平为 5%， *** 表示显著性水平为 1%。（3）控制变量包括国有控股企业数量所占比重、外资控股企业数量所占比重，并控制项目发起年份和所属行业这两个固定效应。（4）常数项系数和显著性不重要，故回归结果不显示常数项。

表 6 – 10　　　国家示范项目社会资本内部分配股权子样本分析

自变量	（1） 国有企业股权比例	（2） 民营企业股权比例	（3） 外资企业股权比例
总投资额	7. 602 ***	– 7. 194 ***	– 2. 387 **
	（5. 46）	（ – 4. 85）	（ – 2. 39）
合作期限	– 0. 443 **	– 0. 096	0. 487 ***
	（ – 1. 98）	（ – 0. 40）	（3. 72）
城市信用得分	– 0. 444	0. 120	0. 499
	（ – 0. 72）	（0. 19）	（1. 18）
金融业的市场化	1. 072	1. 060	– 2. 248 *
	（0. 57）	（0. 52）	（ – 1. 77）
市场中介组织的发育和法律制度 环境	– 1. 324 *	0. 609	0. 245
	（ – 1. 78）	（0. 82）	（0. 61）
地区生产总值增长率	0. 662	– 0. 028	– 0. 008
	（0. 62）	（ – 0. 02）	（ – 0. 01）
人均地区生产总值	– 0. 960	0. 194	– 3. 351
	（ – 0. 21）	（0. 04）	（ – 1. 17）
预算赤字率	– 0. 093	0. 216	– 0. 255 *
	（ – 0. 33）	（0. 72）	（ – 1. 85）
观测值	610	610	610

注：（1）小括号内为 t 值。（2）＊表示显著性水平为10%，＊＊表示显著性水平为5%，
＊＊＊表示显著性水平为1%。（3）控制变量包括国有控股企业数量所占比重、外资控股企业数量
所占比重，并控制项目发起年份和所属行业这两个固定效应。（4）常数项系数和显著性不重要，
故回归结果不显示常数项。

　　表 6 – 11 展示了全样本和国家示范项目样本下，PPP 项目的政府股权
比例和各类社会资本股权比例，也表明了在国家示范项目下，政府会持
有更多股权，参与项目的民营企业和外资企业股权占比都比全样本高，
民营企业和外资企业参与积极性更大。

表 6 – 11 国家示范项目政府和社会资本的股权比例情况

样本	变量名称	观测值	均值	标准差	最小值	最大值
全样本	政府股权比例	3241	13. 87	16. 22	0. 00	100. 00
	国有企业股权比例	3197	40. 87	42. 55	0. 00	100. 00
	民营企业股权比例	3197	37. 26	42. 44	0. 00	100. 00
	外资企业股权比例	3197	7. 00	23. 28	0. 00	100. 00
国家示范项目子样本	政府股权比例	714	16. 21	16. 75	0. 00	100. 00
	国有企业股权比例	706	35. 27	39. 91	0. 00	100. 00
	民营企业股权比例	706	38. 53	41. 60	0. 00	100. 00
	外资企业股权比例	706	8. 77	25. 64	0. 00	100. 00

6.4　PPP 项目存在的问题及政策建议

6.4.1　中国 PPP 项目存在的问题

（1）PPP 项目的选择效应与 PPP 的初衷存在明显差异。

图 6 – 3 分析了地市级层面的项目落地率与四个变量的相关关系。分市项目落地率与职工平均工资正相关、与政商关系健康程度正相关、与财政自给率正相关，而与预算赤字率负相关。这些发现一方面说明，经济发展好、市场制度好、政府财政综合能力强的地区，PPP 项目进展快，有利于项目快速落地，这是 PPP 项目的选择效应。另一方面表明，项目落地情况受经济发展水平、市场化程度和政府财政能力的制约。尤其是在中国地方政府普遍存在预算赤字的情况下，地方政府财政压力很大，促进 PPP 项目的落地和实施在一定程度上可以缓解地方政府财政负担。从资源配置或者设立 PPP 的初衷来看，经济欠发达地区无疑更需要 PPP 项目，但是实际上更难获得 PPP 立项。

（2）对于政府债务压力很大的地区，PPP 模式缓解政府债务压力的作用有限。

PPP 模式的引入初衷之一是缓解地方政府债务，因此分析 PPP 模式是否真实有效地缓解了地方政府债务是一个重要任务。图 6 – 4 和图 6 – 5 显示，分市项目数量和投资额与财政自给率正相关、与预算赤字率负相关。这意味着，在 PPP 项目数量多、投资额大的地区，通常这些地区的

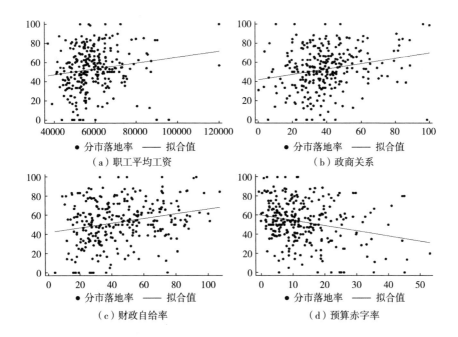

图 6 - 3　分市落地率与经济、制度和财政的关系

财政自给率高，且预算赤字率也不高，而在部分债务率较高的区域，PPP项目投资额并不大，一定程度上是因为在财政实力较弱的地区推进 PPP项目的空间有限。这说明 PPP 模式只能够有效地缓解财政能力强的地方政府的债务压力，对于政府债务压力很大的地区，PPP 模式缓解政府债务压力的作用有限。

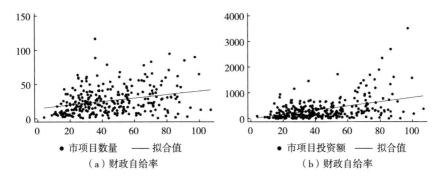

图 6 - 4　分市项目数量、投资额与财政自给率正相关

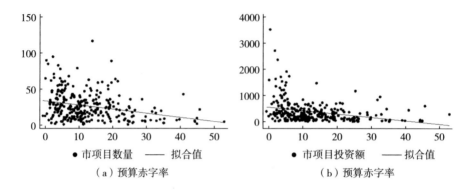

（a）预算赤字率　　　　　　　　（b）预算赤字率

图 6 - 5　分市项目数量、投资额与预算赤字率负相关

（3）政府资金参与 PPP 项目付费的比例很高，会产生地方债务压力高、项目违约、利益输送等问题。

首先，超过 90% 的 PPP 项目存在政府付费或补贴的情况，政府资金参与 PPP 项目付费的比例很高。PPP 项目通过引入社会资本短期内在一定程度上降低了地方政府的投资压力，达到了预期的效果，但随时间推移，PPP 项目持续积累，越来越多的政府付费类项目和可行性缺口补贴类项目正式执行，政府在 PPP 项目上投入财政资金的压力也会增加。其次，PPP 模式的合同期限跨越几届政府，政府财政支出责任过度后移，会加剧以后年度的财政支出压力，导致代际失衡。后期政府资金压力过大，降低了未来地方政府的履约意愿和履约能力，可能会导致政府无法按时支付项目费用，增加了后期政府违约的可能性。最后，政府资金对 PPP 项目补贴的原因是使用者付费无法弥补社会资本的投资成本，政府补贴可以保证社会资本获得合理收益，鼓励社会资本参与公共基础设施的建设。但社会资本的成本是非公开信息，政府补贴为利益输送提供了便利。

（4）社会资本方仍以国有企业为主，民间资本参与度不高，在一定程度上背离了 PPP 的初衷。

不论是从参与 PPP 项目的企业数量来看（见图 4 - 1），还是从企业投资金额来看，或从项目控股情况来看（见图 4 - 2），民营企业都要明显低于国有企业。虽然民营企业参与规模已接近四成，但国有企业仍是参与 PPP 的主体。民营企业参与的项目集中在城镇综合开发、交通运输、市政工程以及生态建设和环境保护行业。民营企业参与度不高的原因在于进入和退出过程存在双重阻力。首先，PPP 项目需要大量启动资金和后续投资，限制了民营企业进入 PPP 项目。相比民营企业，国有企业比较容易从银行获得低利率贷款。其次，PPP 项目的周期比传统的政府采购周期长，民营企业缺乏对政府按合同履约的信心。当民营企业预计到政府可能不会履行 PPP 合同，或者政府承诺不可信时，就会降低对 PPP 项目的投入，最终也会增加项目失败的概率。最后，当 PPP 项目终止时，退出机制不完善、退出效率低下导致民营企业无法有效地快速退出项目，民营企业资金长时间被占用，增加了民营企业的经营风险。

6.4.2　政策建议

第一，多渠道拓展地方政府融资渠道，在合理控制风险的前提下创新融资方式。根据现行政策，地方政府建设重大项目的融资渠道仍然有限。考虑到当前经济面临下行压力，地方财政压力也较大，很可能导致一些地方政府通过明股实债或者虚假 PPP 的方式套取资金。防范地方债务风险需要堵疏结合，穷地方更需要大项目。中央财政对于经济欠发达地区的市场化项目，应加大税收优惠和财政补贴，引导更多市场资金流向更需要资金的欠发达地区。例如，除了减免企业所得税，也可以适当减免其他税种。总之，中央政府应该加大对落后地区的转移支付，减少地区差距，这样才能减轻单纯依靠 PPP 或专项债的压力。

第二，完善 PPP 项目的退出机制。PPP 项目运营周期平均长达二十年，长运营周期意味着社会资本在未来面临着更多的不确定性，有些社会资本难以全程参与 PPP 项目的所有阶段，甚至可能发生社会资本提前退出项目的情况。借助资产证券化等金融手段，可以增加项目资本的流动性，丰富社会资本的退出渠道，增加 PPP 项目对社会资本的吸引力，完善社会资本的退出机制。此外，针对由于政策调整、政府违约、不可抗力等因素使合同提前终止而导致社会资本提前退出的情形，政府要根据不同情形制定相应的补偿机制。

第三，合理分配 PPP 项目的风险。PPP 项目拥有双方风险共担的特点，但社会资本在合作中的谈判力较低，在双方产生风险和收益匹配矛盾时，社会资本常常无法维护自身利益。因此，为了保证社会资本的利益，需要建立合理的风险调整机制，合理分担项目风险，降低政府和社会资本两方风险，促进 PPP 项目的正常运行。同时，针对政府不守承诺的违约情况，进行顶层制度设计和契约设计，使地方政府注重自己的声誉，减少政府承诺不可信的情况。

第四，贯彻竞争中性原则，鼓励民营企业等社会资本方参与 PPP 项目。上述研究表明，在目前的 PPP 项目中，国有企业和政府资本所占比重较大，而民营企业资本所占比重较低。这一方面是因为很多地方的 PPP 项目缺乏良好的市场前景，投资大的同时回收资金周期太长，例如价格受到管制的自来水供应或者污水处理项目，对于民营企业来说风险较大；另一方面是因为对于市场前景好的项目，民营企业往往受到各种歧视。例如，一些地方用规模歧视替代所有制歧视，仍然在实质上排除了民营企业公平参与竞争的机会。根据调研情况，一些企业反映很多 PPP 项目都有对注册资本金、总资产和银行授信的要求，以及对联合体企业数一般不超过两三家的要求。要鼓励民营企业投资，一方面需要积极贯彻竞争中性原则，另一方面需要解决民营企业资金链条脆弱的问题。如，完善直接融资渠道，拓宽间接融资渠道等。

6.5 本章小结

本章主要研究分析地方政府和社会资本最优的产权分配结构。通过模型分析影响产权分配的因素，从理论角度和实证角度都证明了政府拥有部分产权的重要性。通常产权理论认为，给予企业产权可以作为激励企业投资的有效手段，本章还说明产权的另一种作用，即政府拥有产权相当于给予企业控制风险的有效承诺，政府拥有部分产权发挥了政府承诺的作用，并监督企业以避免其机会主义行为。

通过理论模型发现，（1）政府拥有的最优产权比例与剩余产权的价值呈非线性关系。随着剩余产权的价值变高，政府在初期拥有产权的比例先降低后增加，说明当剩余产权价值在一定范围内增加时，政府用产权来激励企业努力的效果显著，政府将更多的剩余产权分配给企业；当剩余产权价值增加超过一定值域时，意味着项目结束后政府收回产权的成本也会提高，因此政府倾向于自己拥有更多产权。

（2）模型还说明了在四种情况下企业只能拥有部分产权（政府拥有部分产权）的原因：第一种情况是，当项目所需投资额很大时，政府应该拥有一定的产权，一方面是为了加强对 PPP 项目的监督和管理，另一方面也是为了通过产权来激励企业提高努力水平；第二种情况是，企业是强风险规避的企业，政府拥有产权可以合理分担项目面临的风险，同时减少对企业的风险溢价支付，达到收益与风险的合理分配；第三种情况是，在金融市场不完善的情况下，通常认为融资成本显著高于政府举债成本，项目初期所需投资较大，政府适当分担成本可以提高项目的效率；第四种情况是，企业要求的回报率很高，政府拥有产权可以避免企业过多采取冒进的风险性行为。在这四种情况下，政府不会将全部产权都交给企业。可以发现，民营企业更可能面临这四种情况。这意味着相比国有企业和政府合作，民营企业和政府合作得到的产权比例更少，即政府会将更多的产权分配给社会资本方是国有企业的企业。

本书通过计量分析，考察中国 PPP 模式中政府如何分配政府与社会资本的产权，以及社会资本内部如何分配产权，利用截至 2018 年底的财政部 PPP 数据进行计量回归分析，研究发现：

（1）关于政府与社会资本之间的产权分配。研究发现，对于大型PPP 项目或经济发展水平高地区的项目，政府会持有较多股权。原因在于，大型 PPP 项目通常对社会稳定和经济发展很重要，政府拥有更多产权相当于给予企业一定的承诺，从而降低政治风险，激励企业投资；经济发展水平高的地区，发起的 PPP 项目更优质，因此这类地区的 PPP 项目通常收益较好，可以吸引更多的社会资本参与到公共产品和服务的提供中，政府对社会资本的选择范围也更广，在这种情况下政府谈判力强，政府也更愿意拥有更多产权。此外，当城市信用越差时，财政自给率越高的政府会持有更多股权比例。城市信用越差，代表当地的政府声誉、企业营商环境较差，企业参与 PPP 项目会面临更多的政治风险和市场风险，政府拥有更多股权比例可以分担社会资本的项目风险，体现了政府拥有部分股权的合理性。金融业的市场化程度越高，政府持有的股权比例越少，但项目所需总投资额增加会促进政府提高股权比例。

（2）关于社会资本内部分配股权的研究发现，社会资本内部产权分配受项目特征、地区制度和地区经济财政的影响。首先，政府和国有企业更有资金优势和资金能力来参与 PPP 项目，而民营企业比外资企业更受资金的约束。其次，从地区制度方面来看，良好的政府声誉和营商环境有助于吸引民营企业更多参与 PPP 项目，且使民营企业拥有更多的话语权。金融市场的完善，降低了民营企业的融资成本，民营企业会拥有更多的股权，而排挤出了外资企业，但对国有企业没有显著影响，说明民营企业和外资企业之间的竞争更激烈，国有企业基本不受融资约束。最后，从地区经济财政角度来看，国有企业在经济发展好的地区发挥着重要作用，民营企业在预算赤字率高的地区发挥着重要作用。

（3）以地区为单位来看项目交易效率。在市级层面，营商环境越好，项目落地率越高，而在省级层面，营商环境对项目落地率没有显著影响。在市级层面，地方政府的预算赤字率不影响落地率，而在省级层面，地方政府预算赤字率越高，项目落地率越低，说明了省级政府的财政能力有助于项目落地，省级政府的财政能力比市级政府的财政能力更重要。省级政府的财政能力越高，政府可以为 PPP 项目提供强有力的资金支持，促进了项目融资成功和项目落地。此外，地区项目数量和项目投资额主要与当地的人口数量和政府预算赤字率有关。

（4）关于不同所有制企业在优质 PPP 项目上的竞争优势。研究发现，在国家示范项目这类优质项目中，政府选择不同类型的企业参与 PPP 项目与项目特征显著相关，但是地区制度特征和经济财政特征没有明显关系。因为国家示范项目是国家级的优质项目，项目的风险更小，所以项目在选择社会资本时不会受到地区制度因素的影响。相比全样本，民营企业更可能参与国家示范项目，面临的政策风险更低，即使地区经济财政能力差、制度环境不好，对国家示范项目的影响也有限，项目本身的示范级别就规避了很多风险，因此民营企业会更积极地参与到 PPP 项目中。

（5）最后通过描述性分析指出了中国式 PPP 项目存在四个方面的潜在问题：PPP 项目的选择效应与 PPP 的初衷存在明显差异；对于政府债务压力很大的地区，PPP 模式缓解政府债务压力的作用有限；超过 90% 的 PPP 项目存在政府付费或补贴，会产生地方债务压力高、项目违约、利益输送等问题；社会资本方仍以国有企业为主，民间资本参与度不够高。此外，还提出了规范 PPP 项目的建议。

第7章 研究结论及展望

7.1 主要结论

在中国，PPP 模式具有鲜明的中国特色，社会资本主体不仅包括民营企业和外资企业，还包括国有企业。国有企业可以作为社会资本方参与PPP 项目是我国与其他国家实行 PPP 模式最大的不同。中国推广 PPP 模式的初衷是吸引社会资本尤其是民营企业参与，但现实是民营企业参与程度不高，国有企业占据主导地位。本书通过构建模型和计量分析，解释了民营企业参与率较低的原因，表明地方政府在选择社会资本时确实存在所有制偏好。此外，本书研究地方政府和社会资本最优的产权分配结构，发现了产权的新作用。下面将对本书的主要结论进行梳理。

（1）政府在选择不同所有制的企业控股 PPP 项目时，存在所有制偏好，以下从两个角度作出了政府的所有制偏好的全面排序。第一，地区金融市场越发达和市场化，本国企业越可能控股项目，且民营企业控股项目的可能性大于国有企业，即政府对三种所有制控股情况的偏好从高到低排序分别是民营企业控股、国有企业控股、外资企业控股。第二，地方政府财政情况越好，外资企业越有动力参与控股 PPP 项目，政府对三种所有制控股情况的偏好从高到低排序分别是外资企业控股、国有企业控股、民营企业控股。

金融业市场化程度越高，越有助于拓宽民营企业融资渠道，融资多样化和市场化降低了民营企业的融资成本，使民营企业更有动力参与 PPP 项目，同时降低了外资企业参与 PPP 项目的可能性，因为民营企业比外资企业更了解本国情况，拥有更多的信息优势来获得项目，且政府也更倾向于选择比外资企业拥有更多资金优势、信息优势且易于监管的民营企业作为合作者。此外，地区经济水平越低、地方政府财政状况越差，参与项目的民营企业更多的原因在于政府会放宽企业进入 PPP 项目的门槛，进而吸引民营企业投入公共领域中，降低政府的财政负担。

（2）本书解释了民营企业参与率低的主要原因在于民营企业的融资成本高且要求的回报率也高，无法满足民营企业的参与约束，进而阻止了民营企业参与 PPP 项目。民营企业参与率低也说明了，在中国，政府选择社会资本方时，企业效率可能并不是政府考虑的最重要的因素，民营企业受到资金实力和融资实力的限制。而国有企业拥有资金、政治、信息等各方面的优势，更能承担起提供公共产品和服务的责任，且更有能力保证 PPP 项目的有效进行，这些都是国有企业仍是 PPP 项目主要参与人的重要原因。

在中国，融资体系和金融行业以银行业为主，而银行业以五大国有商业银行为主，相比民营企业，国有企业更易从银行获得低利率贷款。为了促进民营企业更加积极地参与 PPP 项目，需要改善中小企业的融资环境，鼓励民营企业投资。一方面需要积极贯彻竞争中性原则，另一方面需要解决民营企业资金链条脆弱的问题。如，完善直接融资渠道，拓宽间接融资渠道等。

（3）关于政府与社会资本之间的产权分配的研究发现，政府产权发挥了政府承诺的作用。当城市信用越差时，财政自给率越高的政府持有的股权比例越高。城市信用越差，代表着当地的政府声誉较差、企业营商环境也较差，在这种情况下，企业参与 PPP 项目会面临更多的政治风险和市场风险，政府拥有更多股权比例可以分担社会资本的项目风险，相当于给予企业一定的承诺。政府拥有股权可以降低政治风险，从而起到激励企业投资的作用，体现了政府拥有部分股权的合理性。

通常产权理论认为，给予企业产权可以作为激励企业投资的有效手段，并且认为公有产权通常会因为代理成本而导致低效率。而本书揭示了产权的另一种作用，即政府拥有产权相当于给予企业控制风险的有效承诺，这有利于监督企业以避免其机会主义行为。从这个意义上讲，本书拓展了产权的功能并且揭示了公有产权的正面价值。本书还解释了在四种情况下企业只能拥有部分产权即政府拥有部分产权的原因，可以发现，民营企业更可能面临这四种情况，这意味着相比国有企业和政府合作，民营企业和政府合作得到的产权比例更少，即政府会将更多的产权分配给社会资本方是国有企业的企业。

（4）社会资本内部分配产权受项目特征、地区制度和地区经济财政的影响。首先，政府和国有企业更有资金优势和资金能力来参与 PPP 项目，而民营企业比外资企业受到资金的约束更多。其次，从地区制度方面来看，良好的政府声誉和营商环境有助于吸引民营企业更多参与 PPP 项目，且使民营企业拥有更多的话语权。金融市场的完善，降低了民营企业的融资成本，民营企业会拥有更多的股权，而排挤外资企业，但对国有企业没有显著影响，说明民营企业和外资企业之间的竞争更激烈，国有企业基本不受融资约束。最后，从地区经济财政角度来看，国有企业在经济发展好的地区发挥着重要作用，民营企业在预算赤字率高的地区发挥着重要作用。

（5）以项目为单位来看项目交易效率，从项目落地速度来看，在不同所有制控股的情况下，项目落地速度存在一个排序，落地速度从快到慢分别为：政府控股、外资企业控股、国有企业控股、民营企业控股。虽然民营企业控股的项目落地速度最慢，但并不代表民营企业效率低，相反通常认为民营企业效率高于国有企业。但是政府本身存在所有制歧视，民营企业既没有国有企业更亲近政府，也没有外资企业可以获得政策倾斜，因此拥有政府政策倾斜和本身运行效率高的外资企业比民营企业，甚至比国有企业更能加速项目落地，且会参与合作期限较长的项目。

以地区为单位来看项目交易效率，从地区落地率来看，在市级层面，营商环境越好，项目落地率越高，而在省级层面，营商环境对项目落地率没有显著影响。在市级层面，地方政府的预算赤字率不影响落地率，而在省级层面，地方政府预算赤字率越高，项目落地率越低，说明了省级政府的财政能力有助于项目落地，省级政府的财政能力比市级政府的财政能力重要。省级政府的财政能力高，政府可以为 PPP 项目提供强有力的资金支持，促进了项目融资成功和项目落地。此外，地区项目数量和项目投资额主要与当地的人口数量和政府预算赤字率有关。

（6）本书还研究了不同所有制企业在优质 PPP 项目上的竞争优势，发现在国家示范项目这类优质项目中，政府选择不同类型的企业参与 PPP 项目与项目特征显著相关，但是地区制度特征和经济财政特征没有明显关系。因为国家示范项目是国家级的优质项目，项目的风险更小，所以项目在选择社会资本时不会受到地区制度因素的影响。相比全样本，民营企业更可能参与国家示范项目，面临的政策风险更低，即使地区经济财政能力差、制度环境不好，对国家示范项目的影响也有限，项目本身的示范级别就规避了很多风险，因此民营企业会更积极地参与到 PPP 项目中。

（7）最后本书指出了中国式 PPP 项目存在四个方面的潜在问题。PPP 项目的选择效应与 PPP 的初衷存在明显差异，从资源配置或者设立 PPP 的初衷来看，经济欠发达地区无疑更需要 PPP 项目，但是实际上更难获得 PPP 立项。PPP 模式只能够有效地缓解财政能力强的地方政府的债务压力，对于政府债务压力很大的地区，PPP 模式缓解政府债务压力的作用有限。超过 90% 的 PPP 项目存在政府付费或补贴，政府资金参与 PPP 项目付费的比例很高，PPP 项目通过引入社会资本短期内在一定程度上降低了地方政府的投资压力，达到了预期的效果，但随着 PPP 项目的持续增多，大量的政府付费项目和可行性缺口补贴项目正式执行，会产生地方债务压力高、项目违约、利益输送等问题。社会资本方仍以国有企业为主，民间资本参与度不高，在一定程度上背离了 PPP 的初衷。针对这些问题，本书给出了相应的政策建议，包括多渠道拓展地方政府融资渠道、完善 PPP 项目的退出机制、合理分配 PPP 项目的风险和鼓励民营企业等措施。

7.2 研究展望

本书在中国特定的制度和经济环境下，以契约理论和计量经济学作为主要的研究工具，从理论和实证的角度研究 PPP 模式下地方政府的选择偏好和产权分配机制，具有一定的创新性。此外，由于 PPP 模式的复杂性，对中国的 PPP 数据的挖掘也有限，本书的研究还存在许多不足，一些关于 PPP 的观点值得之后进一步完善和拓展。下面列举了几个有待进行拓展研究的方面。

（1）在提供公共产品和服务时，政府面临 PPP 模式与传统政府采购之间权衡。政府开展基础设施项目时的组织结构选择问题是重要的现实问题。本书的研究忽视了这个问题，假设所有项目都是适合采用 PPP 模式的，通过了物有所值和财政承受能力评估，然后事实上，却发生了 PPP 项目退库和失败的情况，从理论和现实上评估和分辨真实适合 PPP 模式的项目是未来可以考虑的一个论题。通过整理 PPP 退库项目的信息，从退库的项目数据来分析影响 PPP 效率的因素，可以扩展关于 PPP 效率的研究。

（2）关于 PPP 项目的定价机制研究。PPP 项目都涉及公共基础设施领域，提供的产品和服务在一定程度上具有社会公益性，在私人参与的情况下，其社会边际成本可能不等于社会边际收益，而且公共产品天然具有一定的垄断性，如何制定具有一定公益性和垄断性的 PPP 项目的定价机制和价格调节机制对改善社会福利很重要。公共产品的定价机制研究属于规制经济学的研究内容，如何通过适当的定价机制并结合辅助手段，如事前和事后的政府补贴或转移支付等，合理地分配政府和社会资本之间的风险和收益，是保障 PPP 成功的一个重点内容，值得进行深入探讨。

（3）本书从项目落地速度和项目落地率的角度分析了 PPP 项目的执行效果，但并没有验证 PPP 是否真实有效地缓解了地方政府债务压力。PPP 引入的初衷之一是缓解地方政府债务压力，但大量的 PPP 项目却增加了地方政府隐性负债，项目未来的发展会影响政府债务，甚至加剧地方政府债务问题。评估 PPP 项目未来实施效果是一个有意义的研究点。

（4）PPP 的长期动态性会涉及违约和承诺问题。地方政府是否信守承诺是社会资本面临的重要风险。PPP 项目也存在再谈判问题，项目再谈判的发生，一方面与地方政府是否守信有关，地方政府如不守信会导致社会资本无法维持正常的收益，从而引起再谈判发生；另一方面还与社会资本的投机行为有关，社会资本有动机在招标时以低价中标而在事后发起再谈判。因此，还可以在中央政府—地方政府双层管理的特色背景下研究社会资本存在的承诺问题和投机行为，以及地方政府和社会资本双向承诺问题。

（5）PPP中地方政府与社会资本合谋的研究。本书的分析没有涉及政企合谋和腐败等政治因素，也没有考虑中央政府的决策。而这些政治因素会直接影响企业参与PPP项目的动力和社会福利，因此还可以分析PPP项目中的政企合谋现象。PPP是政企合谋、合作、建立关系的一个便利渠道，通过PPP，政府与企业的关系可能会拓展到其他项目和领域，因此在一定程度上增加了企业参与PPP项目的积极性。中央政府授权地方政府通过PPP来建设基础设施和提供公共产品和服务，而地方政府在与社会资本合作PPP项目的过程中，社会资本可能通过名股实债或固定回报等手段来获得更大的利益，而地方政府为了实现其政治绩效和政治目标默许甚至鼓励社会资本采取这类行为，由此产生了PPP项目中的政企合谋现象。政企合谋一方面可能提高企业的投资动力，另一方面也可能产生资源错配，将PPP分配给并不十分合适的企业，因此，是否允许PPP中的政企合谋是中央政府应该考虑的一个重要问题，合谋研究还包括研究地方政府什么时候与国有企业合谋，什么时候与民营企业合谋。

参考文献

［1］Acharya V V, Sundaresan S M. A Model of Infrastructure Financing ［R］. CERR Discussion Papers, 2014.

［2］Auriol, Emmanuelle, Pierre M. Picard. Infrastructure and Public Utilities Privatization in Developing Countries ［J］. The World Bank Economic Review, 2008, 23 (1): 77 – 100.

［3］Aziz, Abdel, M. Ahmed. Analysis of Usage – Based Payments for Contractors' Compensation in PPP Projects ［R］. 2007.

［4］Bakatjan S, Arikan M, Tiong R. Optimal Capital Structure Model for BOT Power Projects in Turkey ［J］. Journal of Construction Engineering & Management, 2003, 129 (1): 89 – 97.

［5］Banerjee, S. G., Oetzel, J. M., & Ranganathan, R. Private Provision of Infrastructure in Emerging Markets: Do Institutions Matter? ［J］. Development Policy Review, 2010, 24 (2): 175 – 202.

［6］Bennett, John, Elisabetta Iossa. Delegation of Contracting in the Private Provision of Public Services ［J］. Review of Industrial Organization, 2006, 29 (1): 75 – 92.

［7］Bentz, Andreas, Paul Grout, Maija Halonen. What Should Governments Buy from the Private Sector – Assets or Services? ［R］. mimeo, University of Bristol, 2005.

［8］Bettignies, J. E. D., Ross, T. W. Public – Private Partnerships and the Privatization of Financing: An Incomplete Contracts Approach ［J］. International Journal of Industrial Organization, 2009, 27 (3): 358 – 368.

［9］Besley, Timothy, Maitreesh Ghatak. Government Versus Private Ownership of Public Goods ［J］. The Quarterly Journal of Economics, 2001,

116 (4): 1343 – 1372.

[10] Broadbent, Jane, R. Laughlin. Control and Legitimation in Government Accountability Processes: the Private Finance Initiative in the UK [J]. Critical Perspectives on Accounting, 2003, 14 (1 – 2): 23 – 48.

[11] Chowdhury, Abu Naser, Chotchai Charoenngam. Factors Influencing Finance on IPP Projects in Asia: A Legal Framework to Reach the Goal [J]. International Journal of Project Management, 2009, 27 (1): 51 – 58.

[12] Crocker, Keith J., K. J. Raynolds. Efficient Contract Design In Long – Term Relationships: The Case Of Air Force Engine Procurement [R]. No. 10 – 89 – 1, 1989.

[13] Dewatripont, M., Legros, P. Public – Private Partnerships: Contract Design and Risk Transfer [J]. EIB Papers, 2005, 10 (1): 120 – 145.

[14] Francesconi, M., Muthoo. 2006. Control Rights in Public – Private Partnerships [R]. CEPR Discussion Paper (5733), 2006.

[15] Goodliffe, Mike. The New UK Model for Air Traffic Services – A Public Private Partnership under Economic Regulation [J]. Journal of Air Transport Management, 2002, 8 (1): 13 – 18.

[16] Greco, L. Imperfect Bundling in Public – Private Partnerships [J]. Journal of Public Economic Theory, 2015, 17 (1): 136 – 146.

[17] Grimsey, Darrin, M. K. Lewis. Evaluating the Risks of Public Private Partnerships for Infrastructure Projects [J]. International Journal of Project Management, 2002, 20 (2): 107 – 118.

[18] Grossman, Sanford J., Oliver D. Hart. The Costs and Benefits of Ownership: A Theory of Vertical and Lateral Integration [J]. Journal of Political Economy, 1986, 94 (4): 691 – 719.

[19] Guasch, J. Luis. Granting and Renegotiating Infrastructure Concessions: Doing It Right [R]. World Bank Publications, 2004.

[20] Hall, Andy. Public – Private Sector Partnerships in An Agricultural System of Innovation: Concepts and Challenges [J]. International Journal of

Technology Management & Sustainable Development, 2006, 5 (1): 3 –20.

[21] Hart, Oliver, Andrei Shleifer, Robert W. Vishny. The Proper Scope of Government: Theory and An Application to Prisons [J] . The Quarterly Journal of Economics, 1997, 112 (4): 1127 – 1161.

[22] Hart, Oliver. Incomplete Contracts and Public Ownership: Remarks, and An Application to Public – Private Partnerships [J] . The Economic Journal, 2003, 113 (486) .

[23] Hart, Oliver, John Moore. Property Rights and the Nature of the Firm [J] . Journal of Political Economy, 1990, 98 (6): 1119 – 1158.

[24] Iossa, Elisabetta, David Martimort. The Simple Microeconomics of Public – Private Partnerships [J] . Journal of Public Economic Theory, 2015, 17 (1): 4 –48.

[25] Joannou P G, Jr A D. Debt Capacity and Optimal Capital Structure for Privately Financed Infrastructure Projects [J] . Journal of Construction Engineering&Management, 1995, 121 (4): 404 – 414.

[26] Kumaraswamy, Mohan M. , Xue Qing Zhang. Governmental Role in BOT – led Infrastructure Development [J] . International Journal of Project Management, 2001, 19 (4): 195 –205.

[27] Leitch, S. , J. Motion. Public – Private Partnerships: Consultation, Cooperation and Collusion [J] . Journal of Public Affairs, 2003, 3 (3): 273 –277.

[28] Levin, Jonathan, Steven Tadelis. Contracting for Government Services: Theory and Evidence from US Cities [J] . The Journal of Industrial Economics, 2010, 58 (3): 507 –541.

[29] Li, Bing, Akintola Akintoye, Peter J. Edwards, and Cliff Hardcastle. Critical Success Factors for PPP/PFI Projects in the UK Construction Industry [J] . Construction Management and Economics, 2005, 23 (5): 459 –471.

[30] Malatesta P H, Dewenter K L. State – Owned and Privately Owned Firms: An Empirical Analysis of Profitability, Leverage, and Labor Intensity [J] . American Economic Review, 2001, 91 (1): 320 –334.

[31] Martimort, David, Stéphane Straub. Infrastructure Privatization and Changes in Corruption Patterns: The Roots of Public Discontent [J]. Journal of Development Economics, 2009, 90 (1): 69 – 84.

[32] Martimort, David, Jerome Pouyet. To Build Or Not To Build: Normative and Positive Theories of Public – Private Partnerships [J]. International Journal of Industrial Organization, 2008, 26 (2): 393 – 411.

[33] Martimort, David, P. D. Donder, E. B. D. Villemeur. An Incomplete Contract Perspective on Public Good Provision [J]. Journal of Economic Surveys, 2005, 19 (2): 149 – 180.

[34] Martimort, David, F. Menezes. Introduction to the Special Issue on Public – Private Partnerships [J]. Journal of Public Economic Theory, 2015, 17 (1): 1 – 3.

[35] Martin, Stephen, D. Parker. Privatization and Economic Performance Throughout the UK Business Cycle [J]. Managerial & Decision Economics, 1995, 16 (3): 225 – 237.

[36] Maskin, Eric, J. Tirole. Public – Private Partnerships and Government Spending Limits [J]. International Journal of Industrial Organization, 2008, 26 (2): 412 – 420.

[37] Meduri, Surya Sudheer, Thillai Rajan Annamalai. Unit Costs of Public and PPP Road Projects: Evidence from India [J]. Journal of Construction Engineering and Management, 2012, 139 (1): 35 – 43.

[38] Menezes, F., Ryan, M. Default and Renegotiation in Public – Private Partnership Auctions [J]. Journal of Public Economic Theory, 2015, 17 (1): 49 – 77.

[39] Pongsiri, Nutavoot. Regulation and Public – Private Partnerships [J]. International Journal of Public Sector Management, 2002, 15 (6): 487 – 495.

[40] Posner, Richard A. The Social Costs of Monopoly and Regulation [J]. Journal of Political Economy, 1975, 83 (4): 807 – 827.

［41］ Ramamurti, Ravi. Privatizing Monopolies Lessons from the Telecommunications & Transport Sectors in Latin America ［J］. The New Frontier of Privatization, 1996, 68 （3）: 145 – 204.

［42］ Sabol, Patrick, and Robert Puentes. Private Capital, Public Good: Drivers of Successful Infrastructure Public – Private Partnerships ［R］. General Information, 2014.

［43］ Salant, David J. , and Glenn A. Woroch. Trigger Price Regulation ［J］. The RAND Journal of Economics, 1992, 23 （1）: 29 – 51.

［44］ Schmidt, K. M.. The Costs and Benefits of Privatization: An Incomplete Contracts Approach ［J］. Journal of Law Economics & Organization, 1996, 12 （1）: 1 – 24.

［45］ Siemiatycki, Matti. Public – Private Partnership Networks: Exploring Business – Government Relationships in United Kingdom Transportation Projects ［J］. Economic Geography, 2011, 87 （3）: 309 – 334.

［46］ The Economist. Private Finance Initiatives: Bad, and Not Improving ［Z］. March 8th, 2007.

［47］ Valero, V. Government Opportunism in Public – Private Partnerships ［J］. Journal of Public Economic Theory, 2015, 17 （1）: 111 – 135.

［48］ Van Reeven, Peran. Subsidisation of Urban Public Transport and the Mohring Effect ［J］. Journal of Transport Economics and Policy, 2008, 42 （2）: 349 – 359.

［49］ Verhoest, K. , O. H. Petersen, W. Scherrer, R. M. Soecipto. How Do Governments Support the Development of Public Private Partnerships? Measuring and Comparing PPP Governmental Support in 20 European Countries ［J］. Transport Reviews, 2015, 35 （2）: 118 – 139.

［50］ Wettenhall, Roger. The Rhetoric and Reality of Public – Private Partnerships ［J］. Public Organization Review, 2003, 3 （1）: 77 – 107.

［51］ Willner, Johan, and D. Parker. The Relative Performance of Public and Private Enterprise Under Conditions of Active and Passive Ownership ［R］. University of Manchester, Institute for Development Policy and Management, 2002.

[52] Yehoue, Mr Etienne B., Mona Hammami, and Jean – François Ru-hashyankiko. Determinants of Public – Private Partnerships in Infrastructure [R]. International Monetary Fund, 2006, No. 6 – 99.

[53] 陈志敏, 张明, 司丹. 中国的 PPP 实践: 发展、模式、困境与出路 [J]. 国际经济评论, 2015 (4).

[54] 陈红, 黄晓玮, 郭丹. 政府与社会资本合作 (PPP): 寻租博弈及监管对策 [J]. 财政研究, 2014 (10).

[55] 陈华, 王晓. 中国 PPP 融资模式存在问题及路径优化研究 [J]. 宏观经济研究, 2018 (3).

[56] 陈伟强, 章恒全. PPP 与 BOT 融资模式的比较研究 [J]. 价值工程, 2003 (2).

[57] 陈星光. PPP 项目融资模式下的委托代理博弈模型 [J]. 科技与经济, 2013 (2).

[58] 从英国经验看中国 PPP 模式发展 [EB/OL]. [2016 – 02 – 16]. http: //www. ccgp. gov. cn/specialtopic/pppzt/news/201602/t20160216_6525 288. htm.

[59] 财科院报告: 国企的银行贷款利率低于民企 1. 5 个百分点 [R/ OL]. [2017 – 08 – 01]. https: //www. sohu. com/a/161416062_120702.

[60] 邓小鹏, 申立银, 李启明. PPP 模式在香港基础设施建设中的应用研究及其启示 [J]. 建筑经济, 2006 (9).

[61] 中华人民共和国国家发展和改革委员会. PPP 项目典型案例 [EB/OL]. https: //www. ndrc. gov. cn/xwdt/ztzl/pppzl/dxal/pppdxal/.

[62] 高颖, 张水波, 冯卓. 不完全合约下 PPP 项目的运营期延长决策机制 [J]. 管理科学学报, 2014 (2).

[63] 郝涛, 商倩, 李静. PPP 模式下医养结合养老服务有效供给路径研究 [J]. 宏观经济研究, 2018 (11).

[64] 何寿奎, 傅鸿源. 基于服务质量和成本的公共项目定价机制与效率分析 [J]. 系统工程理论与实践, 2009 (9).

［65］胡钰，王一凡．文化旅游产业中 PPP 模式研究［J］．中国软科学，2018（9）．

［66］黄健柏，杨涛，伍如昕．非对称过度自信条件下委托代理模型［J］．系统工程理论与实践，2009（4）．

［67］贾康，孙洁．公私伙伴关系（PPP）的概念、起源、特征与功能［J］．财政研究，2009（10）．

［68］基础设施项目融资与 PPP 模式的实施要点［EB/OL］．［2007 - 03 - 26］．https：//www. sohu. com/a/130337667_463907.

［69］柯永建，王守清，陈炳泉．英法海峡隧道的失败对 PPP 项目风险分担的启示［J］．土木工程学报，2018（12）．

［70］柯永建．中国 PPP 项目风险公平分担［D］．北京：清华大学博士学位论文，2010.

［71］赖丹馨．基于合约理论的公私合作制（PPP）研究［D］．上海：上海交通大学博士学位论文，2011.

［72］赖丹馨，费方域．公私合作制（PPP）的效率：一个综述［J］．经济学家，2010（7）．

［73］李启明，熊伟，袁竞峰．基于多方满意的 PPP 项目调价机制的设计［J］．东南大学学报（哲学社会科学版），2010（1）．

［74］李秀辉，张世英．PPP：一种新型的项目融资方式［J］．中国软科学，2002（2）．

［75］李林，刘志华，章昆昌．参与方地位非对称条件下 PPP 项目风险分配的博弈模型［J］．系统工程理论与实践，2013（8）．

［76］林毅夫，刘明兴，章奇．政策性负担与企业的预算软约束：来自中国的实证研究［J］．管理世界，2004（8）．

［77］刘新平，王守清．试论 PPP 项目的风险分配原则和框架［J］．建筑经济，2006（2）．

［78］刘梅．PPP 模式与地方政府债务治理［J］．西南民族大学学报（人文社科版），2015（12）．

［79］刘晓凯，张明．全球视角下的 PPP：内涵、模式、实践与问题

［J］．国际经济评论，2015（4）．

［80］刘瑞明．中国的国有企业效率：一个文献综述［J］．世界经济，2013（11）．

［81］陆晓春，杜亚灵，岳凯，李会玲．基于典型案例的PPP运作方式分析与选择——兼论我国推广政府和社会资本合作的策略建议［J］．财政研究，2014（11）．

［82］马晓维，苏忠秦，曾琰，谢珍珠．政治关联、企业绩效与企业行为的研究综述［J］．管理评论，2010（2）．

［83］马恩涛，李鑫．PPP模式下项目参与方合作关系研究——基于社会网络理论的分析框架［J］．财贸经济，2017（7）．

［84］孟巍，吴粤．PPP模式缓解了地方政府财政压力吗——基于中国地级市数据的经验研究［J］．贵州财经大学学报，2019（1）．

［85］聂辉华，李琛．中国式PPP项目：数据描述与潜在问题［R/OL］．［2019－12］．https：//www.sohu.com/a/363192755－3.

［86］欧亚PPP联络网．欧亚基础设施建设公私合作（PPP）案例分析［M］．沈阳：辽宁科学技术出版社，2010.

［87］彭桃花，赖国锦．PPP模式的风险分析与对策［J］．中国工程咨询，2004（7）．

［88］亓霞，柯永建，王守清．基于案例的中国PPP项目的主要风险因素分析［J］．中国软科学，2009（5）．

［89］覃林卉．PPP项目中政府管制的模式选择［J］．公民与法：法学版，2015（11）．

［90］秦学志，孙承廷，魏强．信息非对称下动态投融资的约束信号博弈模型［J］．系统工程学报，2004（6）．

［91］Sisavath，T.，吴海燕．基于委托代理博弈的水利工程PPP项目逆向选择与道德风险分析［J］．水利经济，2016（4）．

［92］宋波，徐飞．不同需求状态下公私合作制项目的定价机制［J］．管理科学学报，2011（8）．

［93］孙慧，叶秀贤．不完全契约下PPP项目剩余控制权配置模型研

究［J］．系统工程学报，2013（2）．

［94］孙学工，刘国艳，杜飞轮，杨娟．我国 PPP 模式发展的现状、问题与对策［J］．宏观经济管理，2015（2）．

［95］韦小泉．谈谈 PPP 模式和 PPP 项目的可持续发展［EB/OL］．［2017 - 02 - 28］．https：//www．sohu．com/a/127515191_480400．

［96］王灏．PPP 的定义和分类研究［J］．都市快轨交通，2004（5）．

［97］王玉．政府对 PPP 项目支持的效率和机制研究综述［J］．中国市场，2017（3）．

［98］王卓君，郭雪萌，李红昌．地区市场化进程会促进地方政府选用 PPP 模式融资吗？——基于基础设施领域的实证研究［J］．财政研究，2017（10）．

［99］王培培，李文．PPP 模式下社会养老服务体系建设的创新与重构［J］．理论月刊，2016（8）．

［100］吴孝灵，周晶，彭以忱，段庆康．基于公私博弈的 PPP 项目政府补偿机制研究［J］．中国管理科学，2013（1）．

［101］吴波．浅谈 PPP 模式的发展［J］．武汉金融，2017（1）．

［102］吴淼，徐小丰．PPP 模式中的政府规制：西方发达国家的经验研究［J］．华中科技大学学报：社会科学版，2018（2）．

［103］吴槐庆，赵全新．政府与社会资本合作（PPP）模式下公共产品服务定价机制研究［J］．价格理论与实践，2016（11）．

［104］徐琳．法国公私合作（PPP）模式法律问题研究［J］．中国政府采购，2016（9）．

［105］余逢伯．新常态下 PPP 模式的机遇、挑战与对策［J］．金融论坛，2015（8）．

［106］杨俊龙．PPP 模式的效应、问题及优化对策研究［J］．江淮论坛，2017（3）．

［107］袁竞峰，贾若愚，刘丽．网络型公用事业 PPP 模式应用中的逆向选择与道德风险问题研究［J］．现代管理科学，2013（12）．

［108］张喆，贾明，万迪昉．不完全契约及关系契约视角下的PPP最优控制权配置探讨［J］．外国经济与管理，2007（8）．

［109］张喆，贾明，万迪昉．PPP合作中控制权配置及其对合作效率影响的理论和实证研究——以中国医疗卫生领域内的PPP合作为例［J］．管理评论，2009（9）．

［110］张小富．PPP模式的适用范围及选择原则［J］．财会月刊，2018（3）．

［111］张建军，王丽娜．基于博弈模型的PPP项目风险分担［J］．土木工程与管理学报，2017（5）．

［112］郑子龙．基于不完全契约理论的政府与社会资本合作（PPP）研究［D］．天津：南开大学博士学位论文，2016.

［113］周鑫．PPP项目融资风险分担博弈分析［J］．合作经济与科技，2009，373（14）：78-79.